叢書・ウニベルシタス　1132

社会主義の理念

現代化の試み

アクセル・ホネット
日暮雅夫／三崎和志 訳

法政大学出版局

社会主義の理念――現代化の試み　目次

最初からすべてのことをやりやすくしてくれた
わが息子、ヨハネスとロベルトに

さらに勇気を、わたしの兄弟、わたしの姉妹よ、
歩みをとめるな——何が起ころうと「自由」は我らが仕えるべき不変の主君だ、
一度や二度の失敗で、あるいは何度失敗を重ねても、
あるいは民衆の無関心や忘恩ゆえに、あるいはどんな不実にめぐり逢おうと、
権力、兵隊、大砲、刑法、たとい何が牙をむき出して見せようと、「自由」は抑えこめるものではない。

わたしたちの信じる大義がすべての大陸のなかに永遠に姿を潜めて待機している、
誰ひとり招き寄せず、何一つ約束せず、静かな光のなかに坐し、確信は揺るがず泰然自若、落胆などは
　露知らず、
辛抱づよく待ち、好機の到来を待ちつづけている。

ウォルト・ホイットマン「夢破れたヨーロッパの革命家に」〔一八五六年〕
『草の葉』〔酒本雅之訳『草の葉（中）』岩波文庫、一九九八年、四三三頁〕

凡例

一、本書は Axel Honneth, *Die Idee des Sozialismus. Versuch einer Aktualisierung*, Erweiterte Ausgabe, Suhrkamp Berlin 2015, 2017 の全訳である。翻訳の底本は二〇一七年の第二版である。

二、原則として、原文の» «は「 」とする。イタリックとなっている箇所は傍点で強調する。書名の場合は『 』とする。読者の便宜を考慮して訳者の判断で「 」などで強調する場合もある。

三、( )と[ ]は原文のママであるが、〔 〕は訳者が読者の便宜を考慮して新たに挿入したものである。

四、原書での引用で、邦訳があるものはそれを参照しつつも、原著者の引用の文脈を考慮して訳者があらためて訳し直したり、表記をあらためたものがある。

はじめに

社会主義が現代社会におけるきわめて強力な運動であった時から、百年も経っていない。その当時の偉大な社会理論家でありながら、社会主義に関する立ち入った論文を——ある時には批判的に、ある時には強く共感しつつ、だが常に敬意を払いながら——書く必要がないと思う者はまずいなかった。最も重要な者の名前だけを挙げるにしても、十九世紀のジョン・スチュアート・ミルから始まり、エミール・デュルケム、マックス・ヴェーバー、ヨーゼフ・シュムペーターらがいる。これらすべての思想家たちは、個人的心情と理論的綱領においては相当な差異を持っていたにもかかわらず、社会主義のなかに、資本主義におそらくずっと随伴せざるをえない知的課題を見出した点で一致していた。今日ではこの事情は根本的に変わってしまった。そもそも社会主義について社会理論の文脈であらためて言及されることがあったとしても、社会主義は時宜を逸したとの評価は確定済みとされているように思われる。社会主義が大衆の熱狂をいつか再びかき立てることができるとは思われていないし、今日の資本主義に対する指針を示すオルタナティヴとして有益であるとも思われていない。言わば一夜にして——マックス・ヴェーバーならば驚いて自分の目を疑うだろう——十九世紀の二つの大きな対立する運動は、その役割を入れ替えたのだ。つまり、宗教は倫理的な力として未来があるように思われ、それに対して、社会主義は過去の精神的産物として受け取られているのである。この転倒はあまりに急で、したがってすべての真理ではありえないという確信が、私がこの本を書く気になった二つの動機のうちの一つである。つまり、以下において私が示そうとしたこととは、社会主義にはまだ種火が活きており、それはその指導的な理念を初期の産業主義に根差した思考の枠組みからしっかりと引き剝がし、新たな社会理論の枠組みに移し替えることによって明らかになる、ということだ。

以下の考察を執筆することとなった第二の動機は、私の最新の包括的な研究である『自由の権利』が受容される際に経験したことと強く結びついている。(1) この著作について行われた数々の議論の際、以下のような意見を聞くことが珍しくなかった。それは、私が方法論的に近代の規範的地平を出発点としたことは、私が所与の社会秩序の転換という批判的パースペクティヴにもはや関わろうとしないという意図をはっきりと露呈しているというものだった。(2) 必要があり可能であった場合、私は、この反論にすでに文章で答えて、この反論が私自身自覚的に課した方法論的制限の誤解にもとづいていることを示そうとした。[3] しかし、次第に私はまずは次のことを示さなくてはならないと感じるようになった。それは『自由の権利』においてとられたパースペクティヴにはただ小さな方向転換が必要で、それだけでこのパースペクティヴを制度的にまったく違った社会秩序へと前向きに開かれたものにできるということだ。こうして、当初の意図にはまったく反することだったが、大著のあとに続けて小さな研究を送り出し、以前は私が内的なパースペクティヴからだけ構成してきた進歩の線がほんらいどんなヴィジョンに向かって行かねばならないのかをはっきりと示すこととなった。

この二つの動機から、私は、二〇一四年にハノーヴァーのライプニッツ講義への招聘を、社会主義の基本理念を現代化する最初の試みに役立てることにした。私は、当地の哲学インスティトゥートの同僚たち、ことにパウル・ホイニンゲン゠フエネに、彼らが私に一年にわたる講義でおそらく彼らには疎遠なテーマを扱うことを許してくれたことを非常に感謝したい。三晩連続して私の講義に続けて行われた議論から私は広範囲にわたって触発され、必要とされる〔草稿の〕加筆と拡張と

(1) Axel Honneth, *Das Recht der Freiheit. Grundriss einer demokratischen Sittlichkeit*, Berlin 2011.
(2) 以下の論集への寄稿を参照。*Special Issue on Axel Honneth's* Freedom's Right, *Critical Horizons*, 16/2 (2015).
(3) Axel Honneth, »Rejoinder«, ebd., S. 204-226.

についての明確な考えを得ることができた。続けて私はこれに手を入れて講義の第二稿としたが、これは特に修正された社会主義への展望に関してははるかに包括的なものとなった。この年、リュディガー・シュミット＝グレパリーの丁重な招聘によって、彼の率いるワイマールのフリードリッヒ・ニーチェ協会の特別研究員を受任し、七月に自分のテキストの改訂版をもう一度より多くの公衆の批判的判断に委ねる機会を与えられた。それに並行して、ワイマールの近くのヴィーラントグート・オスマンシュテートにおいて、ドイツフォルクス学術財団の奨学生たちとの数日間にわたるゼミナールが開催された。そこでの非常に実り多い議論から私は最終的な修正のための示唆をもう一度得ることができた。このゼミナールの参加者たち、そしてもちろんまた協会の責任者とアシスタントたちが、私の仕事に関心を向けてくれたことに感謝したい。

それ以外にも、草稿作成の際に助言と改善の提案をしてくれたすべての友達、同僚たちに感謝したい。ここでまず第一に、私は、フレッド・ノイハウザーの名前を挙げたい。彼は、非常に近しい友人であると同時に、ニューヨークのコロンビア大学の哲学科の信頼できる同僚であり、このテキストに関する作業中、最初から強く励まし、一連の貴重な指摘をしてくれた。さらに私は、この講義の初稿を読んでくれたエヴァ・ギルマー、フィリップ・ヘルツィング、クリスティーネ・プリース＝ホネット、そしてティートゥス・シュタールの批判的なコメントに多くを学んだ。彼らすべての長年にわたる私への援助と関心とに感謝したい。最後にハンナ・バイヤーとフラウケ・ケーラーに文献収集と草稿作成を手堅く援助してくれたことについて心から感謝したい。

アクセル・ホネット、二〇一五年六月

序論

私たちが生きている社会には、きわめて苛立たしく説明の困難な分裂が刻まれている。一方で、経済的な条件、労働条件、社会経済的状態についての不満は、最近非常に増大してきた。おそらく第二次大戦の終結以来、これほど多くの人間が同時に、グローバルに解き放たれた資本主義的市場経済と同時に現れた社会的政治的結果に憤慨したことは決してなかっただろう。しかし他方で、この大衆的な憤慨には、あらゆる規範的な方向感覚、加えられた批判が目指す目標に対する歴史的な勘がまったく欠けていたので、それは奇妙に押し黙ったまま内にこもっていた。まるでこの蔓延する不快感には、現存するものの先を考え資本主義の彼方の社会状態を想像する能力が欠けているかのようだ。憤慨があらゆる未来への方向性と分離し、抵抗がより良きもののあらゆる展望から分離することは、近代社会の歴史においては実際、新しい事態である。フランス革命以来、資本主義的関係に対して反抗する大きな運動は、常に、未来社会はどのようであるべきかについての像を描いたユートピアによって駆り立てられてきた――機械破壊者たち〔ラッダイト〕、ロバート・オーウェンの協同組合、評議会運動や階級なき社会という共産主義的理念を思い起こすとよい。エルンスト・ブロッホが言ったような、ユートピア的思考のこのような流れは、今日では断ち切られているように見える。たしかに誰も、望まないものや現在の社会関係のなかで怒りの対象となるものについては、かなり正確に知ってはいても、現状の意識的な変革が向かうべき先については、おぼろげなイメージすら持っていない。

ユートピア的エネルギーがこのように突然に枯渇したことの説明を見つけることは、一見するより難しい。一九八九年の共産主義体制の崩壊を知識人観察者は好んで引き合いに出し、そこから資本主義を超えた状態へのあらゆる希望の消失が帰結したとするが、この崩壊が原因だとすることはまずできない。と言うのも、怒れる大衆は今日、貧困の拡がりと私的な富のあいだの溝が拡大することを正当に嘆きつつも、より良き社会についての具体的なイメージを手にしていないが、彼らは、ソ連型国家社会主義の社会福祉がひとえに不自由と引き換えに与えられたものであったことを、〔ベルリンの〕壁の崩壊によってはじめて知ったわけではないはずだからだ。さらに、ロシア革命に至るまで資本主義に対する現実的なオルタナティヴが存在しなかったからと言って、十九世紀の人間は連帯と正義にもとづく暴力なき共存を思い描くことを決して妨げられなかった。であるなら、なぜ、共産主義的な権力ブロックの崩壊が、あらゆる現存するものをユートピア的に超え出ようとする、根強いと思われる能力を突然に委縮させることになるだろうか。現在の反抗が固有の未来とヴィジョンを持たないことを説明するのにしばしば引き合いに出されるもう一つの理由は、私たちの集合的時間意識の急な変化にあると想定される。すなわち、「ポストモダン」の到来、これはまず芸術と建築に始まり、また文化全体に拡がったが、これによって近代に特有な方向づけられた進歩という考えはそれ以後無意味となり、今日その代わりに、同じことが歴史的に回帰するとの意識が集合的に支配的になったとされる。この第二の説明によれば、この新たなポストモダン的社会把握を基礎として、より善き生のヴィジョンはもはや広まらない、なぜなら、現在が自身に内在する可能性によって常に自身を乗り越え、常にたえず完成へと向かう開かれた未来を示すといった考えがまったく死に絶えてしまった、というのである。むしろ、未来にあるのは、過去においてすでによく知られた生活形態や社会モデルのたんなる反復でしかないと考えられるようになった、とされる。しかしながら、私たちが機能的な他の観点、例えば医学や人権の徹底においては歓迎されるべき進歩を見込んでいるということを考えるだけでも、このような説明が本当に正しいのかと疑わしくなる。つまり、超越する想像力が他の諸領域において幅広く損なわれていないように見えるのに、想像力が社会の改良可能性というただこの一つの領域においてのみ存在しないということがあるだろうか。歴史意識の根本的転換という〔ポストモダン的〕テーゼは、社会的に新たなものがまったく予期されなくなったと想定するが、例えば現在、人権の世界規模での実現に対してどれほど強い期待、過剰とも言える期待が寄せられているか、考慮していない。[4] したがって次の第三の説明は、すでに述べた二つの領域、つまり国際的に強制された権利の構造的に中立的な包括化と、社会的な基礎的制度の改造とを区別した議論であり、結論としては、第二の領域に関してのみユートピア的な力がこの間麻痺している、とする。私の印象では、この〔第三の説明の〕テーゼは真理にもっとも近いが、もちろん補足が必要だ。と言うのも、今日、社会政治的な題材がもはやユートピア的な期待を担いえないのはなぜなのかということが補足的に解明されねばならないからである。

この点に関して助けとなる指摘とは、経済的 - 社会的出来事は今日、あまりにも複雑で見通しのきかないものなので、目標を定めた介入を容易になしえないものだと公共の意識に映っているということである。とりわけほとんど目にもとまらぬ速さで取り引きの行われる経済的グローバル化の過程によって、〔未来像の喪失に続く〕第二の病理とも言うべきものが生じたように思われる。その病理とは、人々が共生の制度的条件を、ただ「物的（dingliche）」な関係として、つまり人間のあらゆる介入から離れた所与として見るところにある。[5] 今日初めてマルクスが『資本論』の第一巻で展開したフェティシズム分析は歴史的正当性を得るにいたった、と言えるかもしれない。労働運動が現存する状態をまだ変革可能だと見なし、夢や希望を抱いていた、[6] 資本主義の過去においてではなく、現在においてはじめて、社会的諸関係が独特な「事物の社会的関係」であると一般的に考えられるようになった、と言えるかもしれない。[7] もしそうであるならば、日常的観察や経験的分析がそう言っているように、[8] 現在の社会の基本構造の社会的な（sozial）改良を先取りする私たちの能力が発揮されないのは、この社会がまさに物のようにその実体においてもはや変化しないように見えるため、ということになる。富と権力とのスキャンダルとも言えるような分配に対する大衆の反抗が、射程内にある目標に対するあらゆる感覚を、今日明らかに失ってしまったことの責を負わねばならないのは、資本主義に対する現存するオルタナティヴの不在でも、私たちの歴史理解の根本的変化でもなく、社会関係のフェティシズム的把握の支配ということになるだろう。

しかしながらこの第三の説明もまた不完全である。なぜならそれは、伝統的なユートピアが物象

（4）Samuel Moyn, *The Last Utopia. Human Rights in History*, Cambridge/Mass. 2010.
（5）Titus Stahl, *Immanente Kritik. Elemente einer Theorie sozialer Praktiken*, Frankfurt/M. 2013.
（6）Vgl. Jacques Rancière, *Die Nacht der Proletarier. Archive des Arbeiterraums*, Wien 2013.
（7）Karl Marx, *Das Kapital*, in: ders./Friedrich Engels, *Werke (MEW)*, Bd. 23, Berlin 1971, S. 87〔『資本論　第1巻第1分冊』岡崎次郎訳、『マルクス＝エンゲルス全集23ａ』、大月書店、一九六五年、九八―九九頁〕。
（8）例えば以下を参照。Pierre Bourdieu u.a., *Das Elend der Welt. Zeugnisse und Diagnosen alltäglichen Leidens an der Gesellschaft*, Konstanz 2002〔『世界の悲惨』（Ⅰ・Ⅱ・Ⅲ）、荒井文雄、櫻本陽一監訳、藤原書店、二〇一九―二〇年〕。

化する日常意識を解体する力、少なくともそこに穴をあける力をもはや持っていないのはいったい何ゆえかということについて何も語っていないからである。百年以上も社会主義的そして共産主義的ユートピアは、そのより善き共同生活のヴィジョンによって関係者たちの心情にたびたび強く働きかけ、彼らは諦めの念から社会的事象を実体化する（Hypostasierung）というおそらく当時すでに存在していた傾向に抗うことができた。人間がその時々に社会秩序において「避けえないもの」、したがって必然的だと見なすものの範囲は、文化的要因に大いに依存し、特にこの場合は、必然的と見えるものを集合的に変革可能なものと捉えることを可能とする政治的解釈モデルの影響に依存している。バーリントン・ムーアは、その歴史的研究『不正義』において、希望の余地のない必然性というドイツ労働者の抱く感覚が常に、強力な新解釈によって、現存の制度はすり合わせの結果にすぎず交渉によってできたものだということが示されたとたんに、どのように消え始めるかということを説得的に示した。(9) しかしこのような考察の光に照らすとなおさら、すべての古典的な、かつて影響力を持った諸理念がそのヴェールを剥がす作用、物象化を破壊する作用を失った原因は何かが、強く問われることになる。より具体的には以下のように問わなくてはならないだろう。すなわち、社会主義のヴィジョンはすでにかなりの間、「避けえないもの」と見えるものも実は集団的な努力によってよりよいものに変えられるのだという確信を当事者に与える力を失ったのはなぜなのか。以上のようにしてたどり着いた考察の主題を、この小著では四つの章で展開することにしたい。

以下で関心の対象となっているのは、互いに関連する二つの問いで、これらはまた政治思想的にも大いに現代性があるように思われる。つまり、第一に、社会主義の理念がかつての喚起力を回復の余地がないと見えるほどに失うに至った内的または外的理由を追求しよう。そして第二に、この明らかにされた理由に照らして、社会主義的理念がその失われた活力をもう一度取り戻しうるためには、どのような概念的な変更が加えられねばならないかを問いたい。この意図のためにまず、社会主義の初発の理念をもう一度可能な限り明確に再構築しなければならない（第一章）。第二のステップでようやく私は、これらの理念がいつのまにか古びた理由に向かいたい（第二章）。最後にそれに続く二つの章で、古びた理念を概念的な刷新によってもう一度自分の足で立てるよう手助けを試みる（第三章・第四章）。最初に強調しておきたいのは、すべての以下で展開する考察はメタ政治的な性格を持っていることである。なぜなら、私は決して現在の政治的布置状況と行為可能性に言及しようとはしていないからである。ここでの関心事は、いかに社会主義が今日の現実政治の出来事に影響を与えうるかという戦略的な問いではなく、あくまでも、社会主義の初発の関心事をいかにして改めて政治的－倫理的指針の源泉となりうるように改革しうるか、なのである。

（9）Barrington Moore, *Ungerechtigkeit. Die sozialen Ursachen von Unterordnung und Widerstand*, Frankfurt/M. 1982, v. a. Kap. 14.

第一章　初発の理念――社会的自由における革命の止揚

社会主義の理念は、資本主義的産業化が精神的に産み落としたものである。それが陽の目を見たのは、自由、平等、友愛（Brüderlichkeit）というその要求が民衆の大多数にとって空約束に留まっており、それゆえ社会的現実化から非常に隔たっていることがフランス革命の継承のなかで示された時であった。たしかに、「社会主義（Sozialismus）」という概念だけは、もうずっと前に、哲学的議論のための用語となっていた。つまり十八世紀後半、カトリックの聖職者たちが自然法のドイツの学派を危険な異端だと攻撃し始めた時のことである。当時、論争的に用いられた表現「社会主義者たち《ソキアリスタエ》（socialistae）」――ラテン語の「社会の《ソキアリス》（socialis）」から導出された造語――は、社会的法秩序を神の啓示ではなく、人間の「社交性」への欲求によって基礎づけるというグロティウスとプーフェンドルフの考え方を意味した。[10] この批判的用法は、「社会主義者（Socialisten）」という概念でとりわけプーフェンドルフとその弟子たちを指す十八世紀末のドイツ語圏の法学教科書に直結している。しかししばらくするとこの語は、非難する性格をまったくなくし、社交性の欲求によって自然法を世俗的に基礎づけようとする立場を中立的に意味するようになった。[11] しかし、ほぼ三十年後、十九世紀の二〇年代と三〇年代において、英語の語彙「社会主義者（socialist）」と「社会主義（socialism）」がヨーロッパにおいて広まった時、その意味は、自然法の論争におけるもともとの用法とももはやまったく関係のないものだった。イギリスのロバート・オーウェンの支持者たちとフランスのフーリエ主義者たちはまるで新たな造語であるかのように、二つの用語を自分たちを指し示すために用いたが、法の基礎づけに関する哲学論争に割って入るつもりはさらさらなかった。[12] これらの新たな用法のなかで、二つの語〔「社会主義者」と「社会主義」〕は、現存社会をそもそもはじめて「社会的（sozial）」と呼べるような状態へ近づけるため、集合的団体（kollektive Vereingungen）を設立しようとする政治立場を指す「未来志向の運動概念」（ヴォルフガンク・シーダー）となった。

おそらく十九世紀前半よりずっと前から、意図的な措置によって社会をそもそもまず「社会的」なものとする努力は存在した。——例えば相互に共感するという人間の感情を自覚することから、よく整えられた共同体の原理を展開しようとする、スコットランドの道徳哲学の試みを想起すればよい。社会主義とまったく何の関係もないゴットフリート・ヴィルヘルム・ライプニッツですら若き日に同種の思考を抱いており、さしあたり「協会（Sozietäten）」と名づけた知識人団体を設立する計画を政治的意図から構想していた。プラトンの哲学者支配のモデルに共感しながら、後に「アカデミー」と呼ばれるようになったこの組織は、教育政策、文化政策的機能だけでなく、むしろ経済生活を社会的に埋め込むことに責任を負うことによって、社会の福祉全般に奉仕すると考えられていた。[13] ライプニッツが一六七一年に書き留めた短い草稿「協会と経済（Sozietät und Wirtschaft）」において、最低賃金保障や貧者の財政支援により経済的な競争に終止符を打ち、共同体の構成員の間で「真の愛と信頼」を作り出すように配慮することは、未来のアカデミーの経済的課題領域だとされる。[14] このライプニッツの構想は多くの箇所でまるで、「ファランステール（Phalanstères）」の建設に

（10）Wolfgang Schieder, »Sozialismus«, in: *Geschichtliche Grundbegriffe. Historisches Lexikon zur politisch-sozialen Sprache in Deutschland*, hg. Von Otto Brunner, Werner Conze u. Reinhart Koselleck, Bd. 5, Stuttgart 1984, S. 923-996; hier :S. 924-927.

（11）Ebd., S. 930-934.

（12）Ebd., S. 934-939. カール・グリューンベルクは、「社会主義者（socialist）」という表現のこの新しい用法を、イギリスの一八二〇年代におけるロバート・オーウェンの支持者らに帰している。Carl Grünberg, »Der Ursprung der Worte ›Sozialismus‹ und ›Sozialist‹«, in *Archiv für die Geschichte des Sozialismus und der Arbeiterbewegung*, 2 (1972), S. 372-379.

（13）Hans Heinz Holz, »Einleitung«, in: Gottfried Wilhelm Leibniz, *Politische Schriften II*, hg. Von Hans Heinz Holz, Frankfurt/M. S. 5-20.

（14）Gottfried Wilhelm Leibniz, »Sozietät und Wirtschaft« [1671], in: ders., *Politische Schriften II*, a.a.O., S. 127-130, hier: S. 129〔「協会と経済」中山純一訳、『ライプニッツ著作集　第II期3』酒井潔、佐々木能章監訳、工作舎、二〇一八年、三三九―三四四頁、ここは三四三頁〕。

よって協同組合（Genossenschaft）を生み出そうという一五〇年後のシャルル・フーリエのラディカルな意図を先取りしているかのようである。(15)

しかしながら、フーリエが、その協同組合的な共同体の計画を鍛えあげる際に依拠していた規範的前提は、ライプニッツがその封建的環境のなかで見出しえたものとはまったく異なるものだった。と言うのもその頃、フランス革命はその自由、平等、友愛の原理によって公正な社会秩序のためのさまざまな道徳的要求を作り出したのであり、この社会秩序はそれ以後、社会環境のさらなる向上を意図する者なら誰もが適用可能なものであったからである。一八三〇年代にフランスとイギリスにおいて「社会主義者」と自称し始めた思想家と活動家とは、このように革命による数々の刷新に規範的に依拠していることを完全に意識したうえでそうしたのである。つまり、市民中心の時代以前のライプニッツやそれ以外の社会改革者たちが自分たちの構想を政治的現実の裏付けのないものとして把握せざるをえなかったのとは異なって、彼らはすでに制度化され一般に保証された原理に依拠し、そこからよりラディカルな帰結を引き出すことができたのである。もちろん新たに生じた、後に「初期社会主義」と特徴づけられる諸グループがフランス革命によって生み出された三つの理念をどんな仕方で受け継ごうとしたのかは、最初から完全に明らかであったわけではない。ロバート・オーウェンの信奉者たちと、フランスにおけるサン＝シモン主義者とフーリエ主義者たちによる二つの運動との間には、一八三〇年代以降活発な意見交換が生じていた――自分たちをともに「社会主義者」と表明しようと考えるようになったのは、オーウェンがフーリエを一八三七年にパリに訪れて以降のことだろう(16)――しかし、戦い取られるべき社会変革の内容についてのそれぞれの考えはあまりに違いがあり、共通の目的を持っていると理解されることはなかった。

三つのグループすべてにとって、革命後の社会秩序に対する反抗の出発点はおそらく、同時代になされた資本主義市場の拡大が人口の大部分に、約束された自由原則と平等原則のそれぞれを要求することを妨げていることに憤慨したことであった。(17)「屈辱的な」、「恥ずべき」、たんに「非道徳的

---

(15) Charles Fourier, *Theorie der vier Bewegungen und der allgemeinen Bestimmungen*, hg. Von Theodor W. Adorno, Frankfurt/M. 1960, S. 50-56〔『四運動の理論（上）』巖谷國士訳、現代思潮新社、二〇〇二年、二一―二八頁〕。訳注：本書の仏訳版の訳注でも指摘されているが、この箇所でフーリエ自身は「ファランステール」ではなく「ファランジュ」としている。なお、前掲邦訳の訳者、巖谷國士は訳注で以下の説明している。「Phalange は古代ギリシャの密集集団（ファランクス）をふまえた用語である。またここで「セクトのファランジュの住居」といっているのが、いわゆる「ファランステール」Phalanstère（Phalange + monstère）にあたる」（同書、三一六頁）。後出の原注23も同様。

(16) Schneider, »Sozialismus«, a.a.O., S. 936.

(17) 社会主義の生成と歴史については例えば以下を参照。George Lichtheim, *Ursprünge des Sozialismus*, Güte rloh 1969; desrs., *Kurze Geschichte des Sozialismus*, Frankfurt/M., Wien u. Zürich 1977; G. D. H. Cole, *Socialist Thought*, Bd. I: *The Forerunners 1789-1850*, London 1955; Jacques Droz (Hg.), *Geschichte des Sozialismus*, Bd. II: *Der utopische Sozialismus bis 1848*, Frankfurt/M., Berlin u. Wien 1974. 興味深い知識社会学的分析を展開しているのは、Robert Wuthnow, *Communities of Discourse. Ideology and Social Structure in the Reformation, the Enlightment, and the Eutropean Socialism*, Cambridge/Mass. 1989, Teil III.

な」と感じられたのは、労働者とその家族とが地方や都市において働く気持ちを強く持つにもかかわらず、私的工場所有者や土地所有者の恣意に晒されており、その恣意のもとでは採算性の考慮により恒常的な困窮とさらに貧困化するおそれのある生活を余儀なくされていたためである。初期社会主義の上述の潮流がこの社会関係を察知し、それに対する回答とした規範的反応に対してさしあたりの共通項を見出そうとするならば、まずエミール・デュルケムの提起に注目するのは意味あることだろう。その有名な「社会主義」講義において、このフランスの社会学者は、この概念の内容を定義する試みにおいて、社会的コントロールの影響を脱したさまざまな経済機能を、あらためて国家に代表される執行権力によって社会に従属させようとの意図が、さまざまな社会主義的原理の間で一致するものと把握できるとした。デュルケムの信じるところによれば、社会主義の多くの支流がそれぞれいかに異なっていようとも、根本的にまず以下の考えを共有していた。すなわち、労働する大衆の惨めさを除去するには経済領域を新たに組織化し、その領域で行われる活動を社会的になされる意思形成によって拘束するほかないという考えである。[18] この定義は、社会主義の規範的意図を実際適切に理解するには未だ十分ではないだろうが、それでもやはりこの定義は、その名前のもとでこれから展開する運動と学派すべてに共通に蓄積されたものを認識するのに役立つ。つまり、ロバート・オーウェンとその支持者たちであれ、サン＝シモンとその学派、フーリエ主義者たちであれ、これらのグループはすべて、労働者階級に対する不正の原因としてまず、資本主義的市場が社会的コントロール権力をすり抜け、需要と供給という自身の法則にのみ従っているという事実を挙げるのである。

初期社会主義的諸潮流に共有された語彙を、さまざまな差異を度外視してより詳細に見てただちに目につくことは、デュルケムの提起では、それらの諸潮流がフランス革命の理想と規範的な繋がりを持つことを、はなから説明しようともしていない、ということだ。[19] 彼の説明ではあたかも、これらのグループが重視しているのは一貫して、市場を社会的に再‐埋め込み化するという言わば社会技術的問題のみであり、自由、平等、友愛というすでに一般的に宣言された原理を人口の大多数にとって実現するという歴史的にはるかに喫緊の目標ではないかのようだ。同様に社会主義の中心的野心を確認しようという、その真剣な努力については疑いなく印象深い彼の同様な試みも、この新たな運動の道徳的な原動力を無視してしまっている点で問題を抱えている。同様な傾向を示す例

(18) Émile Durkheim, *Le socialisme* [1928], Paris 2011, S. 49〔『社会主義およびサン‐シモン』森博訳、恒星社厚生閣、二〇〇三年、三一頁〕:「私たちは社会主義によって、現時点では拡散しているすべての経済的機能やそれらのうちのあるものを、社会の方向性や意識的中心にもたらそうとする原理を指し示す」。非常に似ているのは、ジョン・デューイがその中国に関する講義で与えようとした定義である。John Dewy, *Lectures in China, 1919-1920*, Honolulu 1973, S. 117ff.

(19) フランス革命の理念にこのように規範的に遡って結びつくことに関しては、以下を参照。Wuthnow, *Communities of Discourse*, a.a.O., S. 370ff.

としてここではジョン・スチュアート・ミルとヨーゼフ・シュムペーターの名前を挙げるにとどめておこう。両者とも、それぞれの論考において、社会主義的プロジェクトの企図を社会的資源の公正な分配に還元し、その背後に隠れた道徳的、または倫理的意図をより詳細に語ることがないという顕著な傾向を持っていた。[20] 初期の「社会主義」を自称する思想家たちが、どれほど純粋に規範的原理によって動かされていたか、そしてその要求のカタログは過去にあった革命から取って来れると考えていたかは、彼らの構想の正当化をより詳細に考察すれば、直ちに明らかとなる。つまり、ロバート・オーウェンは理論家というより実践者であり、フランス革命の余波からおそらく最も影響を受けていないが、ニューラナークにおける労働協働組合の設立を意義づけるのに、下層の構成員が互いのために活動する（Füreinandertätigkeit）経験によって「相互福祉（wechselseliges Wohlwollen）」を学び、そうすることによって見知らぬ者とすら連帯を取り結ぶことを学ぶだろうと述べている。[21] 同様に、もちろん社会哲学的な基礎づけにはるか強い関心を持つサン＝シモンとその支持者たちは、中央集権化された計画によって万人がその能力によって報酬を得て、それによって互いのために責任を負う構成員の「普遍的連合（universelle Assoziation）」が作られることによってはじめて、資本主義の諸条件下における労働者の現実的不自由は克服されうると考える。[22] 最後に、フーリエとその弟子たちも、社会の構成員すべての強制なき協働という要求をまともに受け止めるなら、自由意思による生産者の共同体、まさに先に述べた「ファランステール」を設立するほかないと、彼らの協働的な共同体の計画を正当化した。[23] 社会主義的目標設定のこれらの基礎づけにおいては、生産手段の共有財への転換は、純粋な自己目的としてはどこにも置かれていない。むしろ、この転換は、それがそもそも必要な措置だとされる場合には必ずまったく別の要求、つまり究極的には道徳的な要求を実現しうるための必然的な前提と位置づけられている。その際常に、フランス革命の原理カタログの最初と最後のもの、つまり「自由」と「友愛」が最前列に置かれ、「平等」はしばしば従属的な役割しか果たさない。むしろ文献を読むと、三つの社会主義グループがその時代のただ断片的にの

（20）John Stuart Mill, »Chapters on Socialism« [1879], in: ders., *Principles of Political Economy*, Oxford 1998, S. 369-436〔「社会主義論集」永井義雄、水田洋訳、『世界の大思想28　ミル』河出書房新社、一九七二年、三八七―四四一頁〕、Joseph Schumpeter, »Sozialistische Möglichkeiten von heute« [1920/21], in: ders., *Aufsätze zur ökonomischen Theorie*, Tübingen 1952, S. 465-510〔「今日における社会主義の可能性」大野忠男訳、『今日における社会主義の可能性』〈改題増補版〉、創文社、一九七七年、九六―一七八頁〕。

（21）Robert Owen, »Eine neue Gesellschaftsauffassung« [1813]〔「社会に就ての新見解」加藤一夫訳、『社會思想全集3』平凡社、一九三二年、一―一二九頁〕in: Michael Vester (Hg.), *Die Frühsozialisten 1789-1848*, Bd. I, Reinbek bei Hamburg 1970, S. 35-55. オーウェンについては以下も参照。Cole, *Socialist Thought*, Bd. I, a.a.O., Kap.IX und XI; Droz (Hg.), *Geschichte des Sozialismus*, Bd. II, a.a.O., S. 29-48.

（22）Gottfried Salomon-Delatour (Hg.), *Die Lehre Saint-Simons*, Neuwied 1962; Droz (Hg.), *Geschichte des Sozialismus*, Bd. II, a.a.O., S. 113-130.

（23）Fourier, *Theorie der vier Bewegungen*, a.a.O., S. 50-56〔『四運動の理論（上）』前掲、二二一―二二八頁〕、Droz (Hg.), *Geschichte des Sozialismus*, Bd. II, a.a.O., S. 131-143.

み制度化された法的平等にすでに満足しており、この法を土台として、その能力と貢献とにおいて相互に補完し合う生産者たちの連帯共同体を創設することを第一課題としていたような印象を受けることもある。この規範的な考えの背景をなすのは、さまざまな作者の著作においてたしかにただ周辺的に語られているにすぎないが、その分、彼らのさまざまな一致点の重要な源泉であることを示している次のような確信である。すなわち、彼らは共通に、個人の自由に関してこれまで定式化されてきた概念、とりわけ法として確定された概念は、友愛という同時に掲げられた原理と一致させるためには狭すぎるということから出発している。多少好意的に解釈すれば、三つの初期社会主義のグループは、革命の原理カタログのなかに、要求された自由がたんに法的または個人主義的に理解されることによって生じた内的矛盾を発見した、と言うことができる。したがって、彼らはみな、しかと自覚することなく、自由のリベラルな概念を他の目的、つまり「連帯」の概念に何らかの仕方で両立するように拡張するよう腐心したのである。

私たちが第一波の社会主義グループに続く著述家たちに取り組むや否や、「自由」と「連帯」の原理を前者の概念の再解釈によって相互に和解させようとの意図がよりはっきりとする。ルイ・ブランとピエール・プルードンはその他の点では非常に異なった道を進んだが[24]、拡張し続ける市場経済を批判する根拠として、市場経済の制度的基礎に自由を純粋な私的利害――ブランによれば「私的エゴイズム[25]」――の追求に局限するような自由の理解が反映していると見る。二人の著者が確信するところでは、個人的自由のそのような狭い解釈に固執する限り、腐敗しつつある経済関係を何も変えられないだけではなく、それによって「友愛的」または連帯的な協同生活への公的に存在する要求も実現できない。したがって、ブランとプルードンとは出発点として、彼らの擁護する社会主義の課題は、フランス革命によって同時に掲げられた諸要求の間の矛盾の除去だと主張する。すなわち、友愛、すなわち連帯しつつ相互に責任を持つことという規範的目標はその端緒すら実現できていない、それは自由という他の目標が、もっぱら私的エゴイズムというカテゴリーにおいて把握されているためであるが、私的エゴイズムは資本主義的市場の競争関係から析出したものである。したがって、市場を他の生産と分配の形式によって補完するか置き換えるかするためにブランとプルードンとが展開する経済政策的計画[26]はなによりもまず、かねてより存在する「友愛」への要求の道を塞ぐことのないような「自由」を経済行為の領域で実現しようとの意図に沿ったものである。新しい社会の経済的権力の中心において個人的自由が私的な利害追求としてではなく、連帯的な

（24）Vgl. Cole, *Socialist Thought*, Bd. I, a.a.O., Kap.XIX.
（25）Louis Blanc, »Organisation der Arbeit«〔「労働の組織」浅野研真訳。前掲『社會思想全集 3』に頁番号振り直しの合本で所収〕(Auszug) in: Lisa Herzog/Axel Honneth (Hg.), *Der Wert des Marktes. Ein ökonomisch-philosophischer Diskurs vom 18. Jahrhundert bis zur Gegenwart*, Berlin 2014, S. 174-190, hier: S. 176〔一―一七〇頁、ここは「労働の組織」前掲、三八頁〕。
（26）再び差異化のために以下を参照。Cole, Socialist Thought, Bd. I, a.a.O., Kap.XV und XIX.

相互補完として確立されうる場合にのみ、フランス革命の規範的要求は矛盾なく実現されることになる。

ここからもう一度、デュルケムが社会主義の基本理念に与えた定義を振り返ってみれば、私たちは、次のような第一の中間的結論を確認できる。すなわち、たしかにこのフランス社会学者は、すべての社会主義的プロジェクトの根底には、経済的活動をもう一度社会的意思形成の管理する地平に取り戻すという共通の意図があるとの主張では正しいが、その際彼は、この意思をそもそもその最初から動機づけた規範的理由を見逃している。初期社会主義の代表者たちにとって重要だったのは、経済領域を社会的指示の下に置き、それによって、社会の道徳化が中途半端にしか行われておらず、経済という扉の前で止まっているという災いを取り除くことだけではなかった。また、これらの著述家たちは、新たな経済秩序によって生活上必要不可欠な資源のより公正な分配を単に保障することだけを特に重視していたわけでもなかった。むしろ、彼らによれば、生産の社会化の強化は道徳的目標に寄与するのであり、その目標とは、革命で宣言された自由からたんなる私的な利害追求という性格を奪い、自由を新たな形態の強制なき協働において友愛というもうひとつの革命の約束と一致させることである[27]。このように見れば社会主義は、初めから、近代の資本主義的な社会秩序の内在的批判である。自由、平等、友愛というこの社会秩序の規範的正当化の基礎は受け入れられている。しかし、自由を個人主義的にではなく、より間主体的に実現するという方向で考えない限り、この基礎を矛盾なく実現することはできないのではないか、と疑っているのである。

しかしながら、この新たな自由概念、すなわち運動全体の中心点の理解にとっては、今まで挙げてきた著述家たちの著作中、有用な助けとなる箇所はごくわずかである。たしかに、最初期のグループは、「アソシエーション」、「コーポレーション」、「共同体」などの概念を用いているが、それは新たな生産形態と分配形態においてはある者の自己展開が他の者の自己展開の前提と非常に緊密な仕方で結ばれているべきであるということをそれぞれの非常に異なる経済モデルに即して明らかにしようとしたためである。その際、ただ、そのように特徴づけられた間主体的な相互交流の形式を、リベラルな伝統のたんに個人主義的な自由理解の代替案として示そうとする概念的努力がまったく払われていないのである。プルードンは一歩歩みを進め、一八四九年に公刊した著作『革命家の告白』[28]においてすでに、「社会的な立場からすれば、自由と連帯とは同一の表現である」と

(27) 私がここで用いている、「社会主義」の二つの捉え方の間の違いは、デヴィッド・ミラーが、資本主義の社会主義的批判の二つのアプローチを、分配的正義という原則に依拠しているか、それとも「生活の質」という論拠に依拠しているのかによって区別するのに似ている。David Miller, »In What Sense Must Socialism be Communitarian?«, in: *Social Philosophy and Policy*, 6/2 (1989), S. 51-73.

(28) Pierre-Joseph Proudhon, *Bekenntnisse eines Revolutionärs* [1849], Reinbek bei Hamburg 1969, S. 150〔『革命家の告白——二月革命史のために』山本久光訳、作品社、二〇〇三年、二七九頁〕。

語った。革命の語彙をはっきりと匂わすこの思想を説明しているのは、次の補足である。すなわち、一七九三年の「人間と市民の権利の宣言」と異なり、社会主義者は、「各人の自由」を、すべての他の者にとっての「制限」としてではなく、他のすべての者の自由にとっての「助け」と考える、というのである。(29) しかしながら、プルードンが、この指針となる概念的な提案の輪郭をすぐに曖昧にしてしまうのは、彼が、間主体的自由を可能とする議論の第二段階として、小さな労働協働体への無利子の貸し付けを行う人民銀行の設立を推薦するときのことである。と言うのも今や、彼の信条は突然新たな響きを帯び、あたかも他者の個人的自由はたしかにある種の支援と相互援助ではあるが、しかしそもそもその完成の条件であるわけではないかのように語られるのである。(30) プルードンはまだ、自由の個人主義的概念に関する二つの異なる構想の間で揺れている。その差異は、自由の行為を他者によって何かを付け加えられる前にすでに完成したものと考えてよいか、それとも自由な行為とは他者による補完を不可欠とするもので、その補完によってはじめて完成に至るものなのか、という点にある。どちらの構想を選ぶかによって、本来、社会が自由と友愛が重なり合うことによってはじめて「社会的」なものとなると言えるような「アソシエーション」や「共同体」の構造のイメージも異なったものになる。第一の場合は、共同体はすでに自由を獲得した者たちからなり、彼らは協働的な共同作用によって補足的な刺激と支援を得るものの、すでに自由を獲得している。それに対して第二の場合は、共同体における共同作用はそもそも、構成員たちがいまだ完結していない行為計画を相互に補完し合うことによってはじめて完全に自由に到達するための社会的条件として考えられねばならないのである。

初期社会主義者の著作においても、プルードンにおいても、私が今から語ろうとするような「社会的自由」の理解におけるこのような差異は、まだ決して適切に考察されていない。たしかに、市民的革命といういまだ未完のプロジェクトを矛盾なく前進させるには、ただ、とりわけ資本主義的市場経済において沈殿する自由の個人主義を克服し、この自由を同時に掲げられた友愛という要求と統一するほかないという点については、すでにはっきりと意識されていた。しかし、個人的自由の獲得を連帯的共同生活という前提と直接結びつけることの意味を具体化できるような概念的媒介がまったく欠けていた。この一歩を最初に踏み出したのが若きカール・マルクスであり、彼がプルードンとほぼ同時期に、社会主義の新たな運動の理論的基礎の解明を課題とした時だった[31]。自分

(29) Ebd.〔二八〇頁〕。訳注：前掲邦訳書では該当部分は「各人の自由は、他者の自由においてもはや制限を受けるのではなく、一七九三年の「人および市民の権利宣言」におけるように、ある補い合うものを見出すのであり（…）」となっている。

(30) 特にプルードンの「互助性」の原理に対する考察を参照。Ebd., S. 156f.〔二八七頁以降〕。

(31) 私は以下でマルクスの著作をいつでも、社会主義運動の自己理解にとって重要である限りにおいて取り上げる。したがってここでは、彼の理論全体との根本的対決は考えていない。そうするためには、様々な点についてずっと多く、また別の仕方で語る必要があろう。

のフランスの共闘者の基礎づけの試みに非常に親しんでいる、パリに亡命したこの理論家は、フランスの共闘者らによる基礎づけの試みを知悉していたが、当初まだ共通のものとしていたプロジェクトの諸目的を、未完なものと把握された革命の規範的地平において解明することは、ドイツに出自をもつ彼にとってみれば決して直接の重要課題ではなかった。したがって彼は、「友愛」「自由」「連帯」という諸概念をできるだけ使用せず、その代わりに、ヘーゲルの遺産を生産的に前進させようという、彼の故郷の同時代的な試みの側に身を置くことができたのである。フォイエルバッハによって自然主義的に再解釈された観念論の概念に接続することは、彼にとって、概念的鋭さの獲得という利点があったが、政治的‐道徳的な攻撃の方向性において不透明性を増すという欠点をもたらした。同様にまた、マルクスの初期著作においても、個人主義のような自由は国民経済学に利用され、資本主義市場において意味を変えられてしまい、すべての社会構成の「真の」共同体の要求するところとは一致しないとの告発が、その意図として明白に見てとることができる。このような意味で、この若き亡命者が一八四〇年代に記したものもまた、リベラルな社会秩序の矛盾した目標設定から内在的に社会主義の理念を展開する道における新たな歩みと理解することができる。

最近多くの関心を集めている、彼の一八四〇年代の重要なテキストにおいて、マルクスは、政治経済学に関するジェームズ・ミルの著作に対するコメンタールの形式で、彼が現在の社会構想において何が誤りだと思っているか、それに代わるような損なわれていない共同体を彼がいかに考えているか、について述べている。[32] ここでは、有名な『パリ草稿』におけるよりもいっそうはっきりと、彼のヘーゲルへの完全な依拠が表れている。それは、二つの対照的な社会モデルが、相互承認の二つの異なったありかたの援用によって特徴づけられている点に示されている。マルクスによれば、資本主義社会の条件のもとでは、構成員たちは、それぞれの生産物を貨幣の助けによって匿名化された市場において交換することで、ごく間接的にのみ相互に関係し合う。この種の関係においては、他の市場参加者がそもそも個々の主体の視野に入るとしても、彼らが注意を向けるのは、他者の具体的な必要や個性ではなく、もっぱら実務の才覚や利害の方向といった抽象的性質のみである。マルクスはアダム・スミスに皮肉をこめて言及しながら、このような社会では一人ひとりの構成員はそれぞれが他者に対して「商人」なのであると言う。[33] したがってここでは、統合された共同体を構

(32) Karl Marx, »Auszüge aus James Mills Buch ›Élements d'économie politique‹ «, in: Karl Marx/Friedrich Engels, *Werke (MEW)*, Ergänzungsband I, Berlin 1968, S. 443-463〔「ジェームズ・ミル著『政治経済学要綱』(J・T・パリゾ訳、パリ、一八二三年)からの抜粋」細見英訳、『マルクス＝エンゲルス全集40』、大月書店、一九七五年、三六一―三八四頁。以下、「ミル抜粋」と略す〕。とりわけ以下を参照。Daniel Brudney, »Der junge Marx und der mitlere Rawls«, in: Rahel Jaeggi/Daniel Loick (Hg.), *Nach Marx. Philosophie, Kritik, Praxis*, Berlin 2013, S. 122-163. すべてのテーマについては以下を参照。David Archard, »The Marsist Ethic of Self-Realization: Individuality and Community«, in: *Royal Institute of Philosophy Lecture Series*, Bd. 22, 1987, S. 19-34.

(33) Marx, »Auszüge aus James Mills Buch«, a.a.O., S. 451〔「ミル抜粋」前掲、三七〇頁〕。

成しうるために構成員が相互に負わねばならない承認は、他者を「欺いて得をする(übervorteilen)」権利を相互に肯定する形式をとる。つまり、「社会関係」において人はそれぞれ個人の行う行為によって互いに補い合うのではなく、テキストのつっけんどんな表現によれば、「略奪する意図を持って[34]」のみそうするのである。

マルクスがこの第一部で考察しようとしたのは、彼の社会主義的な先行者たちがすでに、市場経済的な条件のもとで「友愛的な」または「連帯的な」社会関係が不可能であることを分析した議論を、ヘーゲルのカテゴリーを使って再現することである。つまり、市場参加者は私的な利益に関心を持った主体としてのみ相互に出会うので、友愛ないし連帯にもとづく社会関係であるために必要な、相互に関心を寄せ合うことや、必要な支援を相互に与え合うことができないのである。連帯的関係がこのように妨げられることをさらに徹底的に強調するために、マルクスはそのテキストで『精神現象学』の思想を使いながら、「私たちの相互承認は」ここでは本来、「多くのエネルギー、力、洞察力、機敏さ」を持った者が勝利する「闘争」の形式を持っている、と言う[35]。

その独創的な評注の最後に、マルクスは社会構成員たちが彼らの私的なエゴイズムの相互承認ではなく、彼らの個人的な必要の相互承認によって結びついているときに支配的になるであろう生産関係に話題を移し、簡潔に記述している。この構想の人間学的背景をなすのは、フォイエルバッハやまたおそらくルソーの企図した考えであり、それは人間的欲求の充足のためにはほとんど常に他の諸主体による補完行為を必要にしているというものである。つまり、私の飢えを鎮めることができるのはある程度の分業によって、欲求された食料を他者が私のために生産する場合のみであり、適切な住居が欲しいという私の望みは、職人たちの集団がそれに応じた建物を作るという前提でのみ満足させることができる。しかしマルクスは、この相互依存が今まで記述した資本主義的生産様式によって体系的に当事者の視線から隠されると考える。つまり、ここでは、主体は製品を作ることによって経済的な需要に応え、それによってその背後に隠れた欲求を満足させるために働くが、その際、その動機となるのは他の参加者の希望を顧慮することではなく、ただひたすら自分の有益性を増加させるエゴイスティックな利害なのである。しかしマルクスによれば、生産された財が貨幣に媒介された市場交換（Marktverkehr）による仲介作用（Dazwischenschalten）なく交換されるならば、まったく違う事態となる。そうなれば、一人ひとりの主体は、労働においてその都度の他者の必要と直接向き合うこととなり、相互依存という人間の固有性が自分自身のなすことにおいても相手の予想される反応においても確証されていることに気づくだろう。[36] ここでマルクスはたしかに社会構成員相互の「二重の肯定」について語っているだけだが、彼が目にしているのは、人間がそれ

（34）Ebd., S. 460〔三八〇頁〕。
（35）Ebd.
（36）Ebd., S. 462〔三八二―三八三頁〕。

ぞれの個人的な欲求において相互に承認し合う生産関係であることはまったくあきらかだ。つまり、のちの著作におけるように、「自由な生産者のアソシエーション」において、構成員たちは彼らの各々の私的目的が匿名のままかみ合うことのみによって関係するのではなく、すべての他者の自己実現に対する配慮を相互に分かち合うのである。(37)

このような方向にマルクスの考え方を先鋭化する必要があるのは、その具体的ではあるがどちらかというと曖昧なままの経済モデルから社会的自由の概念の方向性を示す一般的要素を際立たせることができるためである。その社会主義的な先行者たちのように、マルクスはさしあたり自由を、各人の立てた目標や意図が可能な限り妨げられず、外的強制によって制限されずに実現することとしか理解していない。そしてまた、そのような自由の行使は資本主義の生産条件のもとでは、他者を自分の利害追求の手段としか見ず、したがって友愛というすでに制度化された原理と衝突することを前提とする点でも、マルクスは彼の同志と一致している。この内的な矛盾を解決するために、マルクスは、大雑把な輪郭において、自由と連帯が相互に組み合わさるような社会モデルを構想する。それが可能となるのは、次のような時だと彼は考えているようだ。すなわち、一人ひとりの個人がその追求する目的を同時に他者の目的の実現の条件として把握し、それゆえ、個人的な意図が透明なかたちで手を携え合い、私たちが相互依存を意識しながら個々人の意図を相互的な営みのなかでのみ実現できるような状態である場合である。しかしながら、このテキストの中心的な箇所に見出せる「愛」の示唆は、[38] 以下のことをごく明白に示している。すなわち、ここでは、自分の意図の実行において初めてではなく、すでに意図する時点で積極的に他者へと関係しなければならないのである。と言うのも、愛におけるように、今まで記述されたアソシエーションにおいても私の活動は最初から、私自身の自己実現に役立つだけではなく私の相互行為のパートナーにも役立つような目的にだけ制限されねばならない。なぜならそうでなければこのパートナーの自由は、私の配慮のいかなる意識的対象ともならないからである。

マルクスのモデルのこの重要な点は、ダニエル・ブルードニーがロールズとマルクスとを比較する脈絡で導入した差異が強調される時、よりはっきりしたものとなる。ブルードニーに従えば、社会的（sozial）と言えるような共同体は、その構成員が重なり合う（überlappend）目的によって相互に関係し合うのか、それとも相互に手を携え合った（ineinandergreifend）目的によってそうなるのか、によって区別されうる。[39] 前者の場合、諸主体は共有した目標を追求するが、その目的は同時に個人それぞれの目標設定を内容としなくとも一緒に到達することができる。このような形式の集合的な目

(37) この章句の解釈については以下を参照。Brudney, D.,»Der junge Marx und der mitlere Rawles«, a.a.O., S. 127-133.
(38) Marx, »Auszüge aus James Mills Buch«, a.a.O., S. 462 〔「ミル抜粋」前掲、三八二―三八三頁〕。
(39) Brudney, D., »Der junge Marx und der mitlere Rawls«, a.a.O., S. 135f.

標実現のもっともよい例とは、古典的な理解によれば、市場であり、そこでは一人ひとりの参加者は、自分自身の経済的利害を追求することができ、その結果「見えざる手」のメカニズムを通じて福祉の向上という上位の目標に奉仕することになる。それと異なり、社会構成員の相互に手を携え合った目標は、一人ひとりがそれを彼ら自身の行為の目標や格率にすることによって、彼らが共通にその目標の達成に貢献することを要求する。ブルードニーも言うように、ここでは諸主体はたんに「一緒に（miteinander）」活動するだけではなく、「互いのために（füreinander）」活動する。なぜなら、彼らはその活動のなかで直接にそして意図的に、みんなの共有する目標の達成のために貢献しようとするからである。最初の、重なり合う目的の例では、私の行為がその目的の実現になにがしか寄与したという事実は、私の意図の内容の偶然的な結果でしかない。それに対して第二の、相互に手を携え合った目的の場合、同じ事実が、私が意図して追求する目的から生じた必然的な結果として生じるのである。

社会的共同体のこの第二のモデルが、私の考えでは、マルクスが非常に明確に資本主義的社会秩序に対するオルタナティヴの基礎としたものである。マルクスがジェームズ・ミルの政治経済学への評注において一貫して用いた相互承認の用語で把握すれば、先の区別は例えば以下のようにまとめられる。すなわち、市場経済的に構成された社会においては共通に共有された目的が実現するには、構成員がたんなる個々の受益者として相互に承認し合い、したがって互いの依存を体系的に否認することが条件となる。それに対して、自由な生産者のアソシエーションにおいては、共通の目標実現は、構成員が意図的に互いのために活動するという形式において達成される。なぜなら、構成員は相互に彼らの個人的な欲求を承認し合いその満足のために行為するからである。マルクス自身は語っていないが、私にはまったく明らかであると思えるのは、彼がそのオルタナティヴのモデルによって、彼の社会主義の先行者たちのあらゆる努力にもかかわらず射程に収めることができなかった目標に到達したと考えていたということである。つまり、現存する社会秩序の正当化原理である個人的自由の概念を内在的に拡張ないし変更して、連帯的な共同生活の要求と最終的に必ず一致するものとしたのである。したがってここで体系的に検証されねばならないと私が考えるのは、社会的共同体のいま述べたモデルが実際、個人的自由と連帯とを新しい仕方で相互に和解させるという要求を満たしていると言えるかどうか、ということである。

しかしながらこの分析において、さしあたり、社会主義の初期の主張者たちはみな社会的自由の原理をもっぱら社会的労働の領域に定位するものと見なそうとしていたことは度外視しておこう。彼らは、あたかもここから社会全体の再生産を組織しうると言わんばかりに、政治的民主主義にいかなる独自の役割も認めず、したがって、ひょっとして政治において他の形態の自由がすでに制度化されているのではないか、ということを入念に吟味しなければならないとも考えていなかった。しかし、すでに述べたように、社会主義のプロジェクトの生得の誤りに立ち入る前に、まずここで最初に追求する問いは、先に素描した社会的自由のモデルが、リベラルな自由概念の個人主義に対して、負荷に耐えられる、独り立ちしたオルタナティヴであるかどうか、である。最初期の社会主義者たちが展開したものは、実際に自由の独自で新しい理解なのか、それともふつう「連帯」とされ、古い概念では「友愛」とされる考えをただ改良したものなのだろうか。

リベラルな自由モデルの前提は、一見したところまったく争う余地のない考え、すなわち、主体がその行為において可能な限り妨げと強制なく自分の意図を追求できる場合にのみ、個人的自由があると言える、ということにある。さしあたり、この行為の自由に見出される限界は〔それぞれが自由を行使することで〕共存する主体間で行為の自由が制限されうるという現実に生じる結果が考慮されていないという点だけである。したがってこのリベラリズムはやがてすぐに、このような自由の一般的保障という意図に法秩序に関する思想を結びつけ、個人が思うがままに妨げられずに行為しうるのは、すべての他の諸個人が同じ自由を同じだけ求めることを認める限りにおいてであることをその法秩序が保証するのだとする。この最初のリベラルなモデルは、ルソーとルソーを継承したカントによって最初の複雑化を経験する。行為を動機づける意図が自身の企図ではなくたんに自然的衝動に還元される限り、それは個人的自由と言えるものではないという確信を両者は共有している。したがって二人の思想家は、今まで内面において規定されないままであった自由を、次のような補足的な前提に結びつける。すなわち、最初の決定は、自己規定による行為と言えるものでなければならず、その行為は主体が自分の理性だけで定立した目的によりその端緒を画するようなものである。[40] アイザイア・バーリンは、カントとルソーの歩みをのちに政治的な警告の意味から、自由の「消極的」理解から「積極的」理解への移行と呼んだが、[41] この移行に、初期の社会主義者たちは明らかにみな同意していた。と言うのも、彼らがこの新しいモデルの論拠を細かくは知っていなかったとしても、彼らは『社会契約説』やカントの道徳哲学によって、個人的自由は合理的に理解しうる目的設定、したがって自然に命じられたのではない目的設定がなされた場合にのみ可能であるという考えをほとんど自明のことと考えていたからである。しかしながら、その際何が「理性的」かという規定については、彼らはおそらくカントの提案に従わない。と言うのも、自分の格率から結果する行為が「自由」だと言うためにまず、自分の格率を道徳的に吟味する個人的な手続きがまず必要であるとは、彼らには思われなかったからである。むしろ彼らは、ルソーか、マルクスの場合はヘーゲルに同調しているように見える。この両者は、それぞれ異なった理由から、個人の意図は、腐敗していない「自然」な欲求か、理性の歴史的段階に見合った欲求の充足を目指してい

(40) この決定的な歩みに関して以下を参照。Jerome B. Schneewind, *The Invention of Autonomy*, Cambridge, Kap.22 und 23〔『自律の創成——近代道徳哲学史』田中秀夫監訳、逸見修二訳、法政大学出版局、二〇一一年、二二章および二三章〕。

(41) Isaiah Berlin, »Zwei Freiheitsbegriffe«, in: ders., *Freiheit. Vier Versuche*, Frankfurt/M. 1995, S. 197-256〔『自由論』小川晃一、小池銈、福田歓一、生松敬三訳、みすず書房、一九七一年、二九五—三九〇頁〕。

るなら、十分に自由であるという考えから出発する。(42) したがって、社会主義者たちにとって個人的自由はさしあたり、自分の自由な意図、つまり万人が多かれ少なかれ共有する意図を実現できるということ、そしてその行為は他の構成員すべてに同じだけの自由をという、同じくらい重要な要求から発する強制以外の何ものにも服さないことを意味するのみであった。

だがここで、特にプルードンとマルクスがこの積極的自由のモデルに与えた特殊な展開は、主体がその自由な意図を実現する際に妨げとしてはたらくことがある根拠なき強制とはどのような性質のものであるか、という問題に関するずっと包括的なイメージから生じる。初期リベラリズムの考えによれば、この強制は主として外的な社会的障害から発し、そのモデルケースは、ある個人か団体が主体に自分の意思を無理強いする権限を持つ場合である。(43) クエンティン・スキナーやフィリップ・ペティットのような今日の思想家も支持している共和主義的伝統において、強制とされるものの範囲は、他の個人の意思への影響にまで拡張されている。「非支配としての自由」が、自由の共和主義的理解に定着した定式である。(44) しかし社会主義者たちはこのアプローチのはるか先に進み、ある個人の合理的で、実現を目指す意図が、他の個人の対立する意図において社会的抵抗に衝突するところにすでに強制はあると考える。彼らの視点からすれば、個人が強制なしに社会的全体のうちで理性的目的を実現できるのは、この実現が他のすべての人から同意され彼らの補足的行為によってようやく完成される時にのみだということになるだろう。したがって結局、個人的自由が存在するのは、それがヘーゲルの言葉で言う「客観的」形態をとった場合であり、それは、他の社会構成員をもはや自分の行為の意図を制限する可能性のある行為者としてではなく、意図の実現のために必要な協働パートナーと見なしうる場合である[45]。

議論のこの地点で、社会主義者の場合、彼らが常に自由と一緒に語る共同体（Gemeinschaft）の特殊な概念が意味を持ってくる。それぞれの論者によって用語上の違いはあるが、常に彼らは、「共同体」という語に、この表現の一般的な意味以上のものを込めている。つまり、この語は、共有された価値観や、集団の目標とのある程度の同化を内容とするだけではなく、特にまた、集団の構成員が互いのために相互に責任を負うこと、それぞれの他者に関心を寄せることを含んでいる。ここ

（42）ルソーに関して以下を参照。Frederick Neuhouser, *Pathologien der Selbstliebe. Freiheit und Anerkennung bei Rousseau*, Berlin 2012, bes. S. 109f., S. 170, S. 204-208. マルクスの問題構成に関しては以下を参照。Lawrence A. Hamilton, *The Political Philosophy of Needs*, Cambridge 2003, S. 53-62.

（43）Friedrich August von Hayek, *Die Verfassung der Freiheit* [1960], Tübingen 1971〔『自由の条件 I、II、III』西山千明、矢島鈞次監修、気賀健三、古賀勝次郎訳、春秋社、一九八六―一九八七年〕。

（44）Quentin Skinner, *Liberty before Liberalism*, Cambridge 1998〔『自由主義に先立つ自由』梅津順一訳、聖学院大学出版会、二〇〇一年〕、Philip Pettit, *Gerechte Freiheit. Ein moralischer Kompass für eine komplexe Welt*, Berlin 2015.

（45）ヘーゲルの自由概念については以下を参照。Axel Honneth, »Von der Armut unserer Freiheit. Größe und Grenzen der Hegelschen Sittlichkeitslehre«, in: ders./Gunnar Hindrichs (Hg.), *Freiheit. Internationaler Hegelkongress 2011*, Frankfurt/M. 2013, S. 13-30.

では目的がただたんに重なり合うだけではなく、間主体的に相互に手を携え合っているべきだ、つまり人はたんに「一緒に（miteinander）」活動するだけではなく、まさに「互いのために（füreinander）」活動するという思想において、私たちはすでに、社会主義的な共同体概念のそのように考えられた特徴に出会っていたのである。[46] したがってここで次のような問いが立てられる。すなわち、社会主義者たちはこの共同体モデルと彼らの自由概念とをどのように結合するのだろうか。

このような関係を作り出す一つの可能性は、連帯的共同体を今まで記述された自由の行使のための必然的な条件として理解することだろう。ジョゼフ・ラズは『自由の道徳性』において、共同体概念における相互的共感の要素を取り去った、弱い形式において、以下のテーゼを主張した。それによれば、諸個人が彼らの自律を用いうるのは、彼らがそれぞれ目指す目標を実現する具体的可能性を提供する社会的共同体のなかに生きている限りにおいてである。[47] しかし社会主義者たちはより多くを望む。彼らは明らかに、彼らが描く共同体を、彼らがともに目指していた自由のあり方の必然的な形式として把握するだけではない。むしろ、連帯的共同体そのものにおける協働が自由の営みそのものなのであり、それ以前のすべてはその概念に値しない、と彼らが考えているような印象を受ける。その場合には、社会的自由とは共同体の社会的実践へ参加することであり、その共同体とは、構成員は相互に多くの関心を寄せ合い、一人ひとりの他者のために、正当な欲求の実現のために相互に助け合うのである。この転回によって、自由というカテゴリーは、全体論的な（holistisch）個人主義の要素となる。つまり、自由——自分の意図や目的を可能な限り妨げられずに実現すること——とは、一人ひとりの個人によってではなく、それにふさわしい仕組みを持つ集団（Kollektiv）によって実現されうる。だからと言ってこの集団は、その部分よりも高次の存在と考える必要はない。[48] たしかに社会主義者たちの場合、全体としての社会集団は、性質、能力、成果（Leistung）として把握される自由の媒体となるが、この全体を現実に存在させるのはやはり、個人の諸主体の協働作用のみである。もちろん集合体が個人的自由の担い手となりえるのは、ただ、一定の行為様式が構成員たちのもとで持続的に確立され、それにふさわしい制度化がなされた場合に限られる。その第一歩は、相互的な共感から、誰もがどの他者の自己実現についても道具的でない理由から配慮することである。このような交流形式が社会的な共同体の内部で発展するにつれ、社会主義者たちの視点から資本主義的社会の特徴とされたすべての否定的事態は取り去られる。つまりその場合、諸主体は相互的共感を持っているので、根本的に平等なものとして互いを扱い、それ

（46）これらの区別に関しては以下の優れた研究を参照。Andrew Mason, *Community, Solidarity and Belonging. Levels of Community and their Normative Significance*, Cambridge 2000, v.a. Kap.I. 1 (S. 17-41).

（47）Joseph Raz, *The Morality of Freedom*, Oxford 1986, S. 30-311. 以下も参照。Mason, *Community, Solidarity and Belonging*, a.a.O., S. 55f.

（48）このような全体論的個人主義の立場に関しては以下を参照。Philip Pettit, *The Common Mind. An Essay on Psychology, Society, and Politics*, Oxford 1993, S. 271ff.

以後はあらゆる搾取や道具化も相互に断念するのである。

将来、全社会をこのような連帯的共同体のモデルにしたがって調整することが可能であるという考えに、社会主義の当初の理念は根を持つ。この理念においては、一見しただけではそれぞれある種の緊張関係にあるように見えるフランス革命の三つの要求が、唯一の原理にまとめられている。それは、個人的自由が他者との相互補完として解釈され平等と友愛の要求とが完全に一致することによってである。個々の個人ではなく連帯的共同体を実現すべき自由の担い手として把握するこの全体論的な思想から、社会主義運動は出発する。この理念の同調者が後に現存する害悪の除去のために考え出したあらゆる措置は、善きも悪しきも、相互に補完し合い、互いに平等なものとして扱い合う構成員からなる共同体を作るという目的のためであっただろう。また、フランス革命の要求カタログともう一度結びつくことは、ブルジョワジーによる批判にとって、この運動の目標設定を根拠がないと簡単に拒絶することをはじめから困難なものとした。と言うのも、ブルジョアの側も同じ原理をよりどころにしていたのであり、ブルジョア階級自身がかつてその原理の名のもとに、民主的法治国家を勝ち取るためにその一歩を踏み出したからである。したがって今日に至るまで〔社会主義が〕集団主義や素朴な共同体賛歌であるという非難はいささか空虚な感がする。なぜなら、それらの非難は、現在の社会の正当化原理として、自由の理念のほかにさらに、連帯や平等性というたしかに曖昧なところもあるが、特定もされている考えも常に加えられていることを、ほと

んど意図的に拒絶しているように見えるからである。(49)

しかし他方で、初期社会主義者たちが彼らの当初の新機軸の思想に十分説得力のある形を与えることができなかったので、間もなく起こる批判に再び容易に余地を与えることになった。彼らが十九世紀前半になした構想は多くの欠点を持ったものだったので、彼らに対して間もなく無視できない批判が加えられた。すでに瞥見したように、連帯的共同体の思想がもっぱら経済的活動の領野に制限されているだけでなく、この領野から、急速に複雑化した社会を組織し再生産できるかどうか吟味されなかった。それだけではない。はっきりしない理由から政治的意思形成の全領域が視野から外れていたので、勝ち取られたばかりの法的に規定された自由との関係も十分には解明されえなかった。しかしそれ以上に、創始者ら——ここではとりわけサン＝シモンとマルクス——は、社会主義的プロジェクトに歴史形而上学的な要求を上乗せしていた。それは、将来において、自分た

(49) 一見したところ、「友愛」や「連帯」をも、私たちの現代の民主主義的社会においてすでに正当性として作用するように制度化されている原理に加えることは驚きを与えるかもしれない。しかしこの言明が適切であるという印象は次のようなときに容易に得ることができる。すなわち、あらゆる民主的文化に深く根差した分配の理念が不利な状況の者たちのために再分配を要求し、それゆえあらゆる社会構成員のもとでの連帯の感情に訴えることが理解されるときである。それについては以下を参照。John Rawls, *Eine Theorie der Gerechtigkeit*, Frankfurt/M. 1979, S. 126ff〔『正義論　改訂版』川本隆史、福間聡、神島裕子訳、紀伊國屋書店、二〇一〇年、一四一頁以降〕。

ちの試みを資本主義社会の変革可能性を実験的に確かめることとして理解することをほとんど難しくした。要求される革命がある程度の必然性をもって近い将来生じるとされたので、現在においても漸次的に何かを変えようとする試みはどんな認識上の利益も政治的な利益もない、とされるほかなかった。当初のプログラムのこの欠点のうち、初期産業主義の成立コンテクストにのみ起因するものと、さらにいっそう深く理念そのものに関わるものを区別することができる。次の章において、全体として私は社会主義プロジェクトの三つの初発の誤りを扱い、いま行った区別の助けを借りて以下のことを判断したい。すなわち、どの欠点が歴史的な調整だけで除去可能かどうか、それとも概念的な修正によるほか除去できないものか、判断したい。その際の私の目的は、社会主義に今日再び昔の活力の一片を取り戻しうるような修正の見通しを獲得することである。

第二章　時代遅れの知的構造——産業主義の精神と文化への結合

私が第一章で示そうとしたように、初期社会主義者たちの実践的努力の根底にあった規範的直観は、分配的正義に関する従来の考えを大きく越えるものだった。むしろ試みられたのは、資本主義的市場経済を改良ないし革命的に超克し、自由、平等、博愛のそれぞれがそれぞれを可能とするような関係を作り出し、それによってフランス革命の理念が実現できるような社会関係を作り出すことである。当時の支配的な経済秩序にもとづいてこれまで緊張関係にあるとされてきた三つの原理を和解させるモットーは、「社会的自由」である。それによれば、人間存在は普遍的に共有された欲求という最重要事において個人の自由をそれぞれ自分ひとりで実現することはできず、相互関係を必要とする。ただし、この関係が「自由」だと言えるのは、それが特定の規範的条件を満たす場合のみである。それには第一に、連帯的共同体においてのみ存在するような相互的関与が属する。なぜなら、そうでなければ、一人ひとりの主体が持続的に、自分の欲求を強制なしに、自由意思にもとづき充足するにあたり他の主体の助けをあてにできる保証はないだろうからである――社会構成員は「一緒に」行為しうるだけではなく「互いのために」行為しなければならない。なぜなら、彼らはその場合にのみ普遍的な欲求を強制のない仕方で実現できるからである。したがって、社会主義の根底にははじめから、新たに作られる共同体的な（kommunitär）生活形式という考えがあり、例えば改革されたより公正な分配システムの達成という考えだけがあったわけではない。[50] この章では、初期社会主義者たちが彼らの規範的意図を埋め込んだ社会理論的枠組みを問題化するが、その前に、予想される反論から擁護するために、まずこの意図そのものを少し正確に解明しよう。

私は第一章の終わりで、個人的自由は他の主体との関係に依存し、したがって「社会的（sozial）」なものとして把握されるという考えを、全体論的個人主義の理論的要素として特徴づけた。そこで念頭にあったのは、フィリップ・ペティットにならった社会存在論の立場である。この立場は、人間の一定の能力の実現のためには社会的共同体、つまりは全体論的にしか記述しえない存在が必要であると主張するものの、そこから個人的主体が不完全であるとか、それどころかそんなものは存在しないといった結論を引き出しはしない。[51] このような社会的自由の理解は個人の自由を実現する条件をもっとも重視している点で集団主義から区別される。それに対して、従来の個人主義と異なる点は、この自由は特定の種類の社会的共同体に参与できるかどうかにかかっているとすることにある。初期社会主義者たちが展開した中間的立場は、「自由」という用語が個人という段階と社会的共同体という段階で同時に決定的な役割を果たすことによっても特徴づけられる。つまり、個別的な主体は彼らの自由のための能力を社会的共同体の構成員という立場においてのみ実現しうるのであり、またこの社会的共同体も、普遍的に共有された意図の相互的履行が強制なしに、したがって相互的関与という態度において追求されるという意味において自由でなくてはならない。

自由のこの概念は、構成員たちが相互に顔見知りである小さな共同体を前提にしていると推測されるかもしれないが、そうではない。たしかに、諸主体から要求される相互的な関与は、個人的な知り合いにおいてのみ可能であるような親密さを必要としているように見えるかもしれない。しかし、例えばそのような共同体として国家や政治運動を語る私たちのふだんの用語法がすでに、この最初の疑いに根拠がないことを明確に示している。各人が相互に他者の欲求に配慮する連帯的共同体の構成員として自身を把握するには、相互の親密な信頼よりはるかに少ないものしか必要としない。ベネディクト・アンダーソンが示したように、そのためには、共有されたいくつかの目標設定

(50) もう一度以下を参照。Miller, »In What Sense Must Socialism be Communitarian?«, a.a.O.
(51) Pettit, *The Common Mind*, a.a.O., S. 271f.

について志を同じくしていると思えるだけで十分なのであり、当該集団の規模やその構成員が個人的に知り合いかどうかということにまったく関わらないのである。[52] さらに他の構成員の福祉に配慮しようという態度が小さな家族的な集団のみならず、より大きな匿名の共同体においても可能であるということは、以下の点からも難なく理解できる。それは、困窮した人々に対する正義の理論によって基礎づけられた措置は常に「連帯」や「友愛」といった概念がふさわしい態度を要求するということである。『正義論』のいくつかの箇所でジョン・ロールズすら、彼の差異の原理は、それぞれの共同体の市民の間で、愛とまでは言わないものの「友愛」の関係を前提する必要があることと語っている。[53]

したがって、社会主義運動が政治という世界舞台に登場する際に携えていた社会的自由の理念は、小さな見渡しのきく共同体にのみ適用されるという問題含みの前提と結びついてはいない。むしろ、この理念はただちに全社会にも転用できる。とは言えその際、この理念が自由の他の形態と、またそもそも社会的再生産全体とどんな関係にあるのか、明らかにされねばならない。この点から、社会主義の不整合と隘路が始まる。それを私はこの章で扱いたい。その際私は、多くの点で西欧マルクス主義の伝統を引き合いに出す。この伝統では、すでに一九二〇年代から批判的な賛同というパースペクティヴから社会主義のプロジェクトの誕生時からの誤りが情け容赦なく明らかにされてきた。[54] だが、社会主義のこの問題をはらんだ遺産への通路を見つけるためには、まずはもう一度、一歩後戻りする必要がある。なぜなら、どんな社会理論的・歴史論的枠組みにおいて、社会的自由という新しいまったく斬新な概念が展開されたのかを、手短かに明らかにしなければならないからである。ロバート・オーウェンからプルードンを経てカール・マルクスに至る社会主義運動のあらゆる立役者たちは、最初から、連帯的な社会関係を作るための梃子は、資本主義的市場経済そのものの改革か革命的な克服であらねばならないという考えを、ほぼ自明なこととして共有している。と言うのも、その制度にこそ、支配的な自由理解がたんに私的エゴイスティックなものに狭める

(52) Benedict Anderson, *Die Erfindung der Nation. Zur Karriere eines folgenreichen Konzepts*, Frankfurt/M. ^{3}2005〔『定本　想像の共同体――ナショナリズムの起源と流行』白石隆、白石さや訳、書籍工房早山、二〇〇七年〕。この論点に関しては以下も参照。Mason, *Community, Solidarity and Belonging*, a.a.O., S. 38-40.

(53) Rawls, *Eine Theorie der Gerechtigkeit*, a.a.O., S. 126ff.〔『正義論　改訂版』前掲、一四一頁以下〕。また以下を参照。Brudney, »Der junge Marx und der mittlere Rawls«, a.a.O., S. 148-158.

(54)「西欧マルクス主義」の概念はモーリス・メルロ゠ポンティによって作られ (Maurice Merleau-Ponty, *Die Abenteuer der Dialektik* [1955], Frankfurt/M., 1968〔『弁証法の冒険』滝浦静雄他訳、みすず書房、一九七二年〕)、それ以来、ルカーチからマルクーゼに及ぶ非正統的な批判的マルクス主義の、非常に異種混合的な (heterogen) 伝統にさかのぼって使われた。全体の概要としては以下を参照。Martin Jay, *Marxism and Totality, The Adventures of a Concept from Lukács to Habermas*, Cambridge 1984〔『マルクス主義と全体性』荒川幾雄他訳、国文社、一九九三年〕。トロツキー主義的な、それゆえ批判的な観点からの要約は以下。Perry Anderson, *Über den westlichen Marxismus*, Frankfurt/M. 1978〔『西欧マルクス主義』中野実訳、新評論、一九七九年〕。

られている本来の原因があるとされ、したがって協働的な、革命的約束を満たす生活形式を浸透させるには、そこを出発点とするほかないからである。のみならず、この運動の代表者たちは、所与の関係において、変革に必要な動機と心構えがすでに存在するという点において一致している。なぜなら、労働者、生産者、経営者らは、資本主義的市場を何らかの協働的に組織された経済様式に置き換えようという固有の関心を持っているに違いないからである。この第二の想定によってこの新たな原理は、すでに社会内に現存している対抗力を表現する器官または反省する審級となる。それに応じて理論の実践への関係は、明確に規定された社会集団の教育、情報提供、啓蒙と考えられねばならない。最後に第三に社会主義運動のあらゆる支持者たちは、社会関係の目標とする変革はある程度歴史的必然性からなされねばならないと想定する傾向がある。なぜなら、資本主義的市場経済は自身が生み出した危機そのものから破滅し、共同体を作り出す経済的な力をみずから解き放つか、あるいは因果的に引き起こされた貧困化のゆえに常に強まる反抗を生み出すからである。資本主義の間近に迫った自己崩壊に関する説明が個別的な点ではどのようなものであれ、社会主義の知的開拓者たちはほぼ誰も、手の届く近い将来に歴史的な強制力が働くという想定なしに論を進めることができないのである。

これら三つの背景をなす想定を合わせると、最初期の社会主義者たちが社会的自由という彼らに共有の理念を駆使する際の枠組みとなっていた社会関係と歴史理解の大まかな輪郭が明らかになる。つまり、ほぼ経済領域のみに視線が向けられ、まず出発点として、経済領域の資本主義的なあり方だけが、新たに獲得された自由が個人の意図の私的追求というかたちでしか理解されないことの原因だとされた。しかし、その結果として生じる、競争と競合とによる社会的なものの空洞化に対しては、経済的領域の内部において経済の共同体化というプロレタリアートの対抗運動がすでに形成されていた。そこでこの対抗運動に社会主義の教義はその反省的な器官として手を結び、巧みな啓蒙と教育とによって歴史のプロセスを前に進めることができた。このプロセスはある程度の必然性によって生産関係全体が協働的なものへと改変され、それを出発点として互いのために(füreinander)活動する構成員からなる包括的な共同体が作られることになると思われた。たしかに十九世紀前半の社会主義の代表者たちすべてが、これらの社会理論的な基本想定のすべてに同意していたわけではない。社会的自由という規範的原則における大きな一致にもかかわらず、社会理論の諸問題については個人間でずれがあった。その諸問題とは、すでに進行中の経済の共同化という過程を段階的な改革と捉えるか、それとも後にはじめて遂行される革命への接近として把握するべきなのか、ということであり、また、すべての生産者の連合の最終状態を特徴づける経済関係とは、個々具体的にはどのようなものであるべきかということであった。――まさにこの後者に関して関係者の考えは著しく異なっており、この差異は、資本主義的市場が危機に陥る傾向の原因を経済理論的にどう考えるか、そして、社会化された土台にもとづいて経済的再生産を適切に制御する形式として何を推奨するかによって生じる。[55] しかし上述の三つの想定――自由の適切な形態をめぐる闘争が実施される中心的、と言うより唯一の場所としての経済的領域、そこですでに見られる対抗勢力への反省的な肩入れ、最後に、この現存する対抗運動の必然的に到来しつつある勝利への歴史哲学的な期待――は、重要な支柱であり、そのあいだに社会理論的な思考の平面が張り巡らされ、その平面上で社会主義者らは社会的自由という共通の理念を展開したのである。以下、私は、この三つの前提をより詳細に考察して、オルタナティヴな社会モデルの構想という主要目標にとってどんな帰結がこれらの前提と結びついていたかを検討したい。したがってこの歩みにおいては、まず以下のことだけを問題とする。それは、初期社会主義者らが社会的自由という独自の理念を先の三つの想定によって定義される枠組みで展開したために彼らと連携していた運動に残さざるをえなかった社会理論的な負の遺産が、どれほどのものかを見極めることである。

1.

すでに見たように、初期社会主義者たちには、マルクスに至るまで、革命によってすでに確立した自由権を、経済的領域の内部で私的所有を基礎に各人が自分自身の利害を追求することを、国家が許可したものという意味で理解する傾向があった。したがって彼らの目から見れば新たな個人的自由の真の牙城となった資本主義的市場というこのシステムには、それを批判する意図から、主体がもはや互いに対立しながら（gegeneinander）ではなく、互いのために（füreinander）活動し、したがって私が社会的自由と名づけたものを実現するはずの共同体的な生産様式のヴィジョンが対置される。しかし、このように歩み出された方向では、私的でエゴイスティックでしかないと言われる自由についても、また新たな社会的自由についても経済行為の領域との関係のみで語られたため、そこである問題が生じた。この問題はまもなく、当初思われていたよりも重大なものであることが判明した。ここで思いがけず、突如として、民主主義的人民支配というまったく別の領域が、規範的規定をまったく奪われ、社会の再生産にとっては取るに足らぬものとされた。この領域を少なくともルソーとその革命的後継者らは個人の自己規定という新たな権利の場と考えていた。社会主義者たちは、善いものも悪いものもあらゆる自由を、一面的にただ経済的な行為領域に置いたために、それと気づくことなく突然に、共通の目的を民主主義的に交渉する新たな政治制度についても自由のカテゴリーにおいて考える機会を逸した。その結果、政治の十分な概念を持ちえないだけではなく、平等な自由権の解放的側面も捉え損なわざるをえなかった。この地に埋もれた道の途上、重大な岐路において起こったことは、社会主義ののちの運命にとって重要であったので、より詳細な解明が必要である。

（55）最初に全体の概要を示すものとして以下を参照。Eduard Heimann, *Geschichte der volkswirtschaftlichen Lehrmeinungen*, Frankfurt/M. 1949, Kap.V.3.

すでにサン＝シモンとその弟子たち、サン＝シモン主義者たちにおいて明らかに先の革命を継続するという関心のもとで、目線が政治的領域からまったく離れ、産業的生産の領野に置かれるようになった。この学派の考えによれば、産業と交易の技術的進歩により、経済的に非効率な古い封建制の最後の残滓を最終的に克服し新しい社会秩序に置き換える時が来たのである。この新たな秩序においては、完全雇用が保証され、工業的な産業部門において活動するすべての者たち、労働者と管理者が、暮らし向きの悪い者たちの欲求の満足も考慮のうえ、両者で協議した計画を基準として協働できるようになる。このように改革された協働的な生産様式の前提は、中央銀行によって作られるとされた。この中央銀行においては、これも産業の諸勢力からなる代議機関が将来、すべての政治的コントロールを無用なものとすると考えられた。それは、この団体が信用の配分を決定することで一国の命運と福祉とを定めるからである。[56] サン＝シモンとその弟子たちは周知のようにその技術官僚的な教説に新たな市民宗教のアウラをまとわせたが、彼らと同様、次の世代の社会主義者たちも新たな市民権の政治的機能にほとんど関心を寄せなかった。彼らは、サン＝シモン主義者の疑似宗教教団と次の考えを共有していた。すなわち、社会を連帯的に再組織しなおすための転換は、ひとえに経済の領域において遂行されねばならず、その領域では将来、私的エゴイズムに変わって欲求充足の相互補完が実現する一方で、政治的諸制度はその制御する課題を失うことになる、という考えである。プルードンは、新たな自由概念についてはすでにマルクスに先立ってもっとも明確な定式化を行っていたが、彼もこの点ではまったくもって不十分な水準にあった。彼はたんにあらゆる統治活動の廃棄を要求し、そういう活動は小さな生産共同体が相互に協働することで十分かつ完全に置き換えられるとした。したがって、彼はまた革命によって宣言された自由権が引き続き必要だとも認めなかった。彼の目から見れば、この自由権は資本主義的市場における私的所有者たちの利害に奉仕するだけのものであり、したがって協働的な生産様式の貫徹によってそのかつての役割を失うことになるとされた。[57]

フーリエ、ルイ・ブラン、オーギュスト・ブランキにも、しばしば平等の自由権というようやく勝ち取られたばかりの制度に対する軽蔑を示す同様の考察が見られるが、ようやくマルクスが再びそれと関連する全問題群と新たな水準で向かい合った。『ユダヤ人問題によせて』は一八四四年に出版され、それ以後、建設の途上にあった運動の政治的自己了解過程の里程標となったが、そこでマルクスが追求した問いは、ユダヤ人の政治的平等をめぐる闘争は社会主義的目標設定にとって将

(56) Salomon-Delatour (Hg.), Die Lehre Siant-Simons, a.a.O., bes. S. 112-130; 以下の本の見通しを参照。Cole, *Socialist Thought*, a.a.O., Kap. IV und V Droz (Hg.), *Geschichte des Sozialismus*, Bd. II, a.a.O., S. 113-130.

(57) 例えば以下を参照。Pierre-Joseph Proudhon, *Theorie des Eigentums* [1866], Kiel 2010, v.a. Kap. 9. プルードンのアナーキズムに関しては以下を参照。Jacques Droz (Hg.), *Geschichte des Sozialismus*, Bd. III: *Sozialismus und Arbeiterbewegung bis zum Ende der I.Internationale*, Frankfurt/M., Berlin u. Wien 1975, S. 82-87.

来、いかなる意義を持つか、ということだった[58]。マルクスが与えようとした答えは、二段階のものであり、まず第一に所与の社会関係におけるこの問題の解決と、第二に解放された社会におけるそれである。現在に目を向けてマルクスはヘーゲル法哲学の語彙を用いながら、ここでは「市民社会」すなわち資本主義的市場経済と国家とは、それぞれ固有の原理に従う領域として存在する、と主張する。このような制度的な課題の分割がある限り、マルクスは、ユダヤ人マイノリティの政治的統合の努力も疑いもなく、解放的な位置価を持っているだろうと考える。なぜなら、平等な自由権の国家的保障は、あらゆる過去に対して規範的前進であるからだ[59]。しかしながら彼の見解によれば、ユダヤ人たちの政治的統合への努力は、将来、国家の今まで孤立していた活動が再び真の人間的共同体の課題領域に合流すれば、あらゆる積極的機能を失うだろう。と言うのも、このような条件のもとでは、人間の「シトワイヤン（citoyen）」と「ブルジョワ（bourgeois）」とへの、すなわち国家市民と私的経済主体とへの不幸な分離が最終的に止揚されるのみならず、そうすることによって、協働する社会構成員たちすべてのアソシエーションが政治的な管理課題を共同に処理することが可能となり、個人の自己決定の権利を何らかのより高次の審級から訴える必要が個人にはなくなる。マルクスの議論の展開におけるこの最後の思考の歩みは、私たちのコンテクストにおいて特別な考察に値する。すなわち、マルクス自身が「国民のあらゆる成員を国民主権の平等な参加者であることを布告する[60]」ための手段と語ったリベラルな自由権は、未来の社会主義社会においてはあるゆる規範的意義を失うことになるだろう。なぜなら、個々人が自己決定への権利を得るために、経済的活動から分離した特別な共同的意思を形成するための交渉（Aushandlung）がもはや必要ではないからである。[61]

マルクスはリベラルな自由権を、国家政治と経済的生産との制度的領域分離が存続する限りにのみ、促進すべきものとして見なしていたが、その自由権の相対化は、社会主義運動に、すでにその生成の瞬間から、後から降ろすことがまずできない重荷を背負わせた。つまり、自由と友愛とを遅ればせながらも和解させたいという希望はすべて、経済領域の共同体主義的な改変という展望だけに結びつけられたため、すべての個人的権利は、結局個人の自律にも共同的意思の間主体的探求にも正当な余地を残すことなく、互いのために活動する諸主体からなる共同体に余すところなく吸収できると考えられたのである。どの社会主義運動の結成の記録文書を見ても、至るところで同一の

（58）Karl Marx, »Zur Judenfrage«, in: ders./Friedrich Engels, *Werke (MEW)*, Bd.1, Berlin 1970, S. 347-377〔『ユダヤ人問題によせて』花田圭介訳、『マルクス＝エンゲルス全集1』、大月書店、一九五九年、三八四―四一四頁〕。

（59）Ebd., S. 356〔三九三―三九四頁〕。

（60）Ebd., S. 354〔三九一―三九二頁〕。

（61）『ユダヤ人問題によせて』におけるマルクスの議論にかんする多様な文献から二つの新しい論文だけを挙げる。Frederik Neuhouser, »Marx (und Hgel) zur Philosophie der Freiheit«, in: Jaeggi/Loick (Hg.), *Nach Marx*, a.a.O., S. 25-47; Catherine Colliot-Thélène, *Demokratie ohne Volk*, Hamburg 2011, S. 58-68.

傾向につきあたる。その傾向とは、将来社会の組織構造において、リベラルな自由権と同時に、それにもとづく自由で平等な国家市民間の意思形成にいかなる役割も与えられていないというものだ。むしろ、この新たな社会的なものの組織形態を特徴づけているのは、諸主体はひとえに共同的生産に関与することによってのみ、社会に包摂されるということであり、それによって彼らはたしかに彼らの社会的自由を共同して実現できるが、もはや個人の自己規定について思いを巡らせる必要はなくなる。このような輪郭を持つ未来構想はその帰結として、自身の原理を出発点に政治的領域への規範的通路を見出すことができなかった。この運動の内部で、「社会主義」の闘争概念に「民主主義的」という形容詞が付け加えられることでこの原初の欠落が埋められるまで、何十年もかかることになった。しかし、社会民主主義的政党は第二次大戦後にやっと公的に民主主義的社会主義という定式[62]を綱領に掲げたが、これもまた、創始者らから相続した問題にその場しのぎの答えを与えただけだった。と言うのも、個人的自由権の価値を完全に否認することなしに、資本主義的な私的エゴイズムへの批判を展開するためには、社会的自由の指導理念がどのようなものであるべきかという問いが根本的に答えられないままであったからである。その代わりに、この二重化した概念によって目論まれたのはせいぜいのところ、政治的民主主義を従来通りのリベラルなモデルにしたがって、議会の多数を獲得し、その力で「社会問題」を資本主義的市場を制限することで解決する制度的領域として理解するという著しく制限された考えにほかならない。それとともに、経済的行為領域そのものを、可能な限り、社会構成員が対立しながらではなく、互いのために活動できるものとするという本質的にずっとラディカルな要求も消え去ったのである(63)。社会主義の理念をこの微妙な点について創始者らが考慮する際、ヘーゲルの自由の理論に立ち返り、それをさらに展開していたら、事態はまったく違うものになっていただろう。と言うのも、そうすることによって、リベラルな自由権を障害としてではなく、初発の洞察によると経済的な領域

(62) それに関しては以下を参照。Schieder, »Sozialismus«, a.a.O., S. 990ff.;「社会的民主主義」の政党名の前史については同書S. 977f. ドイツ社会民主主義については以下を参照。Detlef Lehnert, *Sozialdemokratie zwischen Protestbewegung und Regierungspartei 1848-1983*, Frankfurt/M.1983.

(63) この点に関して、エドゥアルド・ベルンシュタインはまったく違うように論じている。彼は、すでに二〇世紀の最初において産業主義に依拠した社会主義の理論的狭歪さを一貫して考察した、労働運動の唯一の知識人だった。彼にとっては、民主主義は、あらゆる社会主義的目標設定の規範的核である。なぜなら、それは多数決原理に依拠する政治的統治形態であるだけではなく、社会生活全体の適切な組織形態を示しているからである。この意味においてベルンシュタインは、先見の明をもって、以下で「民主主義」を「自由の組織」と語っている。*Sozialdemokratische Völkerpolitik. Gesammelte Aufsätze*, Leipzig 1917, S. 1-15. hier: S. 11. ベルンシュタインの「修正主義」のラディカリズムは、彼の作品の二次文献でたいてい見過ごされている。なぜなら、それらがマルクス主義か党内的なパースペクティヴから書かれているからである。この点に関する例外と言えるもののひとつは、ボー・ガスタフスンの、とりわけイギリスのフェビアン主義者の影響を強調した包括的な研究である。Bo Gustafsson, *Marxismus und Revisionismus. Eduard Bernsteins Kritik des Marxismus und ihre ideengeschichtlichen Voraussetzungen*, 2 Bände, Frankfurt/M. 1972, v.a. S. 316-326.

において将来実現されるとされていた社会的自由の必然的な前提として考える可能性が原理的に生じていたであろうからである。[64] そして、ひょっとするとそういう方向をとっていれば、経済的な行為領域だけではなく民主的意思形成の手続きをも、社会的自由の原理の下に置くチャンスも生じただろう。[65] 社会主義的伝統において利用されないまま放置されていたこのオルタナティヴには第四章で目を向けるが、その前にまず、初期社会主義の社会理論の第二の前提について語ろう。

2.

初期社会主義者たちの社会理論的思考における第二の前提、すなわち、自身の理想は、現在の社会にすでに存在している対抗勢力が有する事実的な利害状況をあらわしたものに過ぎない、という考えも、その最初の手がかりは、すでにサン＝シモンとその弟子たちに見出される。この多岐にわたる学派のすべての構成員たちが一致していたのは、産業に携わる全階級、単純な手工業者からエンジニアと管理者とに至るまでが待ち望んでいる瞬間とは、共同的に行使されている活動と能力とがついに封建的－ブルジョワ的所有秩序の軛から解放され、自由で強制なきアソシエーションにおいて生産性の上昇のために力を発揮できるようになる、そういう瞬間である。このように解放過程はすでに実現中であるという想定を背景として、サン＝シモン主義者たちの教義は、すべての生産的な労働力を有する者の共同体という多数に熱望される秩序を最後にもたらすために必要な、補足的な知と宗教的に裏打ちされた確信とを提供するという課題を引き受けるものとされる。(66) すでに現在、その理論の示す意味において活動している対抗運動が存在するという同一の前提を、ロバート・オーウェン、ルイ・ブラン、ピエール＝ジョゼフ・プルードンも共有していたが、彼らの場合、参加者たちの範囲は産業的賃労働者の大衆だけに制限されている。しかしこの大衆も、サン＝シモンとその学派とまったく同様に、社会主義の理念がそもそも何らかの効果を発揮しうる以前から、社会発展がすべての生産者たちの強制されない共同体化の方向に進むことについて自身から発する関心を共有しているとされた。(67)

たしかに社会主義理論が、自分の理想が代表的に表現された抵抗運動を引き合いに出すことだけでは、それ自体としてはまだいかなる問題でもない。むしろ、社会的現実の内部に自身の言明がいつか実践的に現実となり、予言された社会状態を引き起こす助けとなりえるような力と覚悟を持つ

(64) 以下の考察を参照。Neuhouser, »Marx (und Hegel) zur Philosophie der Freiheit«, a.a.O.

(65) 例えば以下を参照。Honneth, *Das Recht der Freiheit*, a.a.O., Kap. C.III.3.

(66) 参照。Salmon-Delatour (Hg.), *Die Lehre Saint-Simons*, a.a.O., S. 103-111. 以下も参照。Droz (Hg.), *Geschichte des Sozialismus*, a.a.O., S. 117-121.

(67) ルイ・ブランのもとで、すべての労働者のこのような共通の利害という想定が、はっきりと以下に見出される。»Organisation der Arbeit« (Auszug), a.a.O., S. 181［「労働の組織」、前掲、一〇一頁］。プルードンは、同じ意味でしばしば労働する階級の「使命（Berufung）」について語っている。例えば以下を参照。*Theorie des Eigentums*, a.a.O., S. 144.

集団を求めることは、その種の未来志向の理論の反省構造に必要なことだ。しかしすでに上述の著述家たちにおいて、社会主義的思考にまったく別の方法的戦略が入り込んだ。彼らはこのような抵抗運動をただ経験的に探索するのみならず、論理的必然として前提してしまった。つまり、社会的現実には、理論が自身の意図を正当化し貫徹するために依拠することのできる利害関心と欲求が、すでに理論が実践となる以前から客観的に存在すると考える傾向があった。しかし、このような前学問的心的状態について客観的に語る唯一の可能性は、ともかく社会学的に見れば当該の者はそういう心的状態にあるはずだ、というものである。つまり、問題となっているのは、もはや経験的な利害関心の状態、実際の欲求ではなく、当該の社会集団が自身の状態に対する正しい洞察に従いさえすれば必ず抱くことになるはずの願望である。このように利害関心を帰属させる方法によって、マックス・ヴェーバーが後に明らかにしたように、理論的な恣意への門戸が開かれたのも当然のことである。と言うのも、その時々で正しい洞察だとされるもの、その洞察を具体的に実行すれば当該集団は自分たちのものだとされた利害関心を実現できるとされる、そのような洞察の正しさを測る基準となるものは、実は理論があらかじめ社会現実を解明するのに使用した諸規定以外にはない。すでにサン＝シモン主義者や初期社会主義の他の代表者たちのもとで、社会主義理論は、一種の自己言及性の危険に陥るおそれがあった。そのおそれは、社会的現実に自分の予測を正当化する集団運動を投影することから生じたが、この運動は利害状態をあらかじめ当てはめることによってそもそも初めて構成されたものだったのである。

たしかに、理論が自己言及的に閉じてしまう傾向は、カール・マルクスの著作によって強められた。行為者の側に客観的な利害関心状態を当て込み、自身の分析を彼らのそういった状態を表現する器官として理解しようとする傾向は、さまざまな仕方でほとんどすべての彼の著作に見られる。歴史的・政治的論考においてのみ、彼は、社会集団の具体的な欲望について適切に説明しているように思われるが、それは彼が賃労働者の構成員すべてに統一的な利害を想定するという危険を避けたからだ。(68) しかしすでに人間学的な初期草稿のマルクスはまったく違う態度、つまりただ自分の理論を当てはめるだけのやり方をしており、そこで彼は、プロレタリアート全体を統一的な主体として捉えようとしており、この主体は人間という類を代表して労働における自己実現への切迫した要求を声高に表現しているとされた。すなわち、自身の活動の生産物において自己が対象化され確証されていることを確認したいという、あらゆる人間が本性的に持つとされる深部に根差す関心は、

(68) この全問題構成に関しては以下を参照。Cornelius Castriadis, *Gesellschaft als Imaginäre Institution. Entwurf einer politischen Theorie*, Frankfurt/M. 1984, Erster Teil, I, S. 19-120〔『社会主義の再生は可能か――マルクス主義と革命理論』江口幹訳、三一書房、一九八七年〕、Jean L. Cohen, *Class and Civil Society. The Limits of Marxian Critical Theory*, Amherst 1982. マルクスにおける体系的な著作と歴史的な著作との間の緊張関係については、以下も参照。Axel Honneth, »Die Moral im ›Kapital‹. Versuch einer Korrektur der Marxschen Ökonomiekritik«, in: Jaeggi/Loick (Hg.), *Nach Marx*, a.a.O., S. 350-363.

マルクスの確信にしたがえば、資本主義においてはただ賃金労働者の集団によってのみ代表される。なぜなら、この集団だけが、対象的な労働を行い、現在の労働の疎外のなかで自分の自然な切望との隔たりを認識するからである。[69] たしかに、マルクスが一八五〇年以降、経済的に基礎づけられた資本主義分析に向かうとともに、このようなプロレタリアートの全体的利害の想定に対する基礎づけは変わるものの、その利害関心が常に革命的方向をとるという解釈は変わらない。この時期においては、労働者階級の構成員たちが、集団として資本主義的私的所有の廃棄をもたらすのは、もはや人間の本性という彼らがまだ感じることができる目的からではなく、システムに条件づけられた搾取の増大によって、経済的な意味におけるたんなる生存を共同的に確保せざるを得ないためだとされる。[70] したがって、彼の初期著作においても後期著作においても、マルクスは、彼自身の理論の支持する目標設定が社会的現実の内部である集団的主体によってすでに代表されており、その集団的主体は、個々の構成員の心的状態にどんな違いがあってもやはり革命への統一的な利害関心を持つとする。しかし、この方法論的に非常に疑わしい前提から、社会主義的教説にこれ以降、社会運動の存在はまさしく超越論的な必然性であるという考えが結びついた。しかし経験的には、そのような社会運動が社会的現実のなかに予言されたような仕方で存在しているかどうかは、まったく不明だというほかなかった。

以上のように遅くともマルクスの理論によって、十九世紀前半に生まれた社会主義的な諸観念はすべて、もっぱら革命的な労働者階級のみの精神的産物だと説明され、その階級の実際の構成、実際の利害状況についてはより詳細な考察を要しないものとされた。と言うのも、合理的な帰着という方法によって労働者階級は、言わばすべての資本主義社会の確固不動の構成要素として把握され、経験的な考察や再調査が重要だとは夢にも思われなかったからである。この虚数値に固執することを強く支持する観察材料が社会的現実から十分に与えられている限りでは、当面、社会主義的教説が〔社会的現実の〕たんなる表現および模像という性格を有するとの教えを疑うきっかけもなかった。ドイツ社会民主主義の最初の代表者たちにとってすら、自分の考えにはすべての賃金労働者たちの利害だけが反映しているという確信はあまりにも不動のものに思われたので、何らかの焦りを覚える理由を見ることもなかったろう。おそらく、フランクフルト学派という初期の、ホルクハイマーが組織した理論サークルの過大評価とまず言いえない功績は、この革命的労働者階級という社会学的虚構に最初に経験的根拠のある疑念を提示したことだ。いずれにせよ、労働者の「権威主義」に

(69) 例えば参照。Karl Marx, »Ökonomisch-philosophische Manuskripte« [1844], in: ders./Engels, *Werke (MEW)*, Ergänzungsband I, a.a.O., S. 465-588, hier: S. 553f.〔「一八四四年の経済学・哲学手稿」真下信一訳、『マルクス＝エンゲルス全集40』、大月書店、一九七五年、三八五―五一二頁、ここは四七四頁以下〕。
(70) 以下の有名な定式化参照。Marx, *Das Kapital*, a.a.O., S. 790f.〔『資本論　第一巻第二分冊』岡崎次郎訳、『マルクス＝エンゲルス全集23 b』、大月書店、一九六五年、九九四頁以下〕。

関する学際的な研究によって始まった探求の過程はその結論として、階級特有の生活状態を一定の欲望や利害に自動翻訳することはできない、という洞察に至らざるをえなかった。(71) さらに第二次大戦後、就業関係が西側資本主義国において再び急速に変わり始め、ホワイトカラーがますます労働市場を席巻し、まもなくポスト産業社会という言い回しが人口に膾炙したとき、かつて確かだと信じられていた社会主義と階級との結びつきは最終的に終わった。(72) 革命的なプロレタリアートが存在しないだけではなく、工場労働者そのものが全賃金労働者大衆のなかでも少数派になったところでは、社会主義的理念を以前より変わることなく革命的な主体のたんなる精神的表現として把握するようないかなる可能性ももはやなかった。(73)

しかしながら、これによって生じた問題の持つ射程はたいていい、その全幅がまったく認識されていない。初期の指導的な代表者たちの目から見れば、社会主義は最初から、例えばリベラリズムと比較可能な、数ある政治理論のひとつよりずっと大きなものだった。むしろ、社会主義とは、実践的意図を持った、未来に関わる教説であり、この教説は、社会内にすでに現存する利害の実現を援助するため、社会的自由というヴィジョンによってその利害の活性化と修正を補助したと考えられていた。だが今やそのような前学問的利害関心は前提とすることはできない。なぜなら、経験的にはそれが存在することを示すごくかすかな指標すらなくなってしまったからだ。となると社会主義は、社会運動への関係においてそもそもその存在根拠を失う危険に直面せざるをえない。と言うのも、自分の目標設定にすでに向かっていると示せるような社会的勢力との結びつきがなければ、社会主義は他のあらゆる規範理論と同じように、見通しがたい現実に対して理想を言い立てるほかない。したがって労働者運動の溶解は、社会主義的伝統にとってたんなる予想外の災難以上のものだった。プロレタリアートにかつて彼らに帰された革命的変革への関心の残滓をなおも見出そうといういかなる希望も色あせたことによって、社会主義は、そのもっとも内的な核である、生きた運動の理論的表現であるという要求に打撃を受けたのである。(74)

(71) Institute für Sozialforschung (Hg.), *Studien über Autorität und Familie*, Paris 1936; Erich Fromm, *Arbeiter und Angestellte am Vorabend des Dritten Reichs. Eine sozialpsychologische Untersuchung*, bearbeitet und eingeleitet von Wolfgang Bonß, Stuttgart 1980〔『ワイマールからヒトラーへ——第二次大戦前のドイツの労働者とホワイトカラー』、佐野哲郎、佐野五郎訳、紀伊國屋書店、一九九一年〕。

(72) 例えば以下を参照。Daniel Bell, *Die nachindustrielle Gesellschaft*, Frankfurt/M., New York, 1975〔『脱工業社会の到来——社会予測の一つの試み（上・下）』内田忠夫他訳、ダイヤモンド社、一九七五年〕。

(73) 実例に関しては以下を参照。Josef Mooser, *Arbeiterleben in Deutschland 1900-1970*, Frankfurt/M. 1984, S. 184f.

(74) ラディカルな社会主義においては、この意識はとりわけフランスの戦後運動「社会主義か野蛮か（Socialisme ou Barbarie）」に見られる。実例は以下を参照。Cornelius Castriadis, *Sozialismus oder Barbarei. Analysen und Aufrufe zur kulturrevolutionären Veränderung*, Berlin 1980〔『社会主義か野蛮か』江口幹訳、法政大学出版局、一九九〇年〕。この集団については以下を参照。François Dosse, *Castriadis. Une Vie*, Paris 2014, Kap.3 und 4. また影響の大きい以下の研究も参照。André Gorz, *Abschied vom Proletariat. Jenseits des Sozialismus*, Reinbek bei Hamburg 1984. ポスト劇場主義（Postoperaismus）の極左的意識に、工場プロレタリアートが

この歴史的段階にあって、今日の社会主義は、純粋な規範理論への退行に甘んじるか、労働運動への失われた結合の代わりを求めるかのオルタナティヴに直面している。第一の場合、社会主義は、自分の理想に抽象的な正義原理の形式を与え、それを競合する理論に対して擁護しなくてはならないが、これはすでに多くの場所で進められている。[75] それに対して第二の場合、社会主義の課題は、自身の目標への社会内部の関心をごく普遍的な次元で捉え、社会運動の偶然的な紆余曲折から原理的に影響を受けないようにすることになるだろう。次章でこの二つの選択肢を改めて取り上げるが、その前に、すでにその初期から社会主義の問題含みの遺産があらわとなっていた第三の社会理論的主題群に目を向けることにする。

3.

資本主義においては、常にみずから立ち上がり正しい理想の実現を目指す革命的主体が存在するという想定は、初期社会主義の社会理論的思考においてはほとんど常に、所与の生産関係は歴史的必然性によってまもなく解体せざるをえないという歴史哲学的前提によって補完される。この前提、つまり社会主義の第三の負の遺産の問題点は、それが資本主義の自己破壊的な力についての研究を促進したことではなく、それが直線的な発展という考えによって、歴史の過程とその潜在力についてのあらゆる実験的な取り扱いを不可能としてしまったことにある。この思考図式の形成は、またしてもすでにサン＝シモンとその学派に始まる。その支持者は、チュルゴーとコンドルセに依拠した考え[76]——人類史は、持続的な進歩の行程をたどり、すべての新たな段階において社会的関係は技術と科学が持続的に獲得したものに必然的に適合するよう駆り立てられる——において師に従う[77]。サン＝シモン主義者たちは、自身の生きた革命後のフランスを、この進歩思想を背景に、いわゆる「批判的」静止状態の時期と解釈した。その時期においては、工業的生産様式の豊富な可能性が社会的にまだ利用できなかった。なぜなら、従来の所有秩序がまだ除去されていなかったため、その

名宛人としての「マルチチュード」に置き換えられて労働運動において崩壊する意識が反映している。Michael Hardt/Antonio Negri, *Empire. Die neue Weltordnung*, Frankfurt/M. 2003〔『〈帝国〉——グローバル化の世界秩序とマルチチュードの可能性』水嶋一憲他訳、以文社、二〇〇三年〕。しかし、かつて「革命的」と知覚された階級が消えることについての喪の作業は、とりわけ文学、映画、音楽に見出される。実例は以下を参照。Alan Sillitoe, *Die Einsamkeit des Langstreckenläufers* [1959], Zürich 1967〔『長距離走者の孤独』丸谷才一、河野一郎訳、集英社、一九六九年〕、Bob Dylan, *Workingman's Blues #2*, 2006 (»Modern Times«)〔『モダン・タイムズ』に収録〕。階級的プロレタリアートの自己崩壊の社会学的に強烈な記述は以下。Jefferson Cowie, *Stayin' Alive. The 1970s and the Last Days of the Working Class*, New York 2010.

(75) 例えば以下を参照。Gerald A. Cohen, *Self-Ownership, Freedom and Equality*, Cambridge 1995〔『自己所有権・自由・平等』松井暁、中村宗之訳、青木書店、二〇〇五年〕。

(76) 初期社会主義を代表する多くの者たちが従った歴史哲学的思考のこの伝統については以下を参照。Robert Nisbet, *History of the Idea of Progress*, New York 1980, II., Kap. 6.

(77) Salomon-Delatour (Hg.), *Die Lehre Saint-Simons*, a.a.O., S. 55-66. さらに以下も参照。Cole, Socualist Thought, a.a.O., Kap. IV und V.

秩序によってすべての社会的形成力が活動しない階級の手にあったためである。したがって、彼らの目からすれば、歴史的過程において必然的と言える次のステップとはブルジョワジー、貴族、聖職者という無為の階層の持つ彼らにふさわしくない財産を、国家中央銀行の占有へと移し、その信用決済によって、産業活動に従事する者すべての大規模な協働共同体の経済的前提を作り出すのである(78)。

同じ時代やもう少し後の同じように社会主義的理念を持った著述家たちのすべてが、サン゠シモン主義者と同じ仕方で、進歩という歴史哲学的モデルを共有していたわけではない。彼らが政治的出来事への関わりを強めるほど、あるいは経済的なオルタナティヴの企ての建設に直接参加すればするほど、――ロバート・オーウェンを考えてみればよかろう――ますます、歴史の進行の法則に関する大胆な思弁に心奪われることはなくなる。しかし初期社会主義者たちの多数は、自分の知的な活動が、人類の法則的進歩というとどまることのない過程における必然的な歩みとして理解されねばならないとする点においてサン゠シモン主義者の学派と一致していた。彼らにとっては、社会主義とは、必然的な発展を認識した結果の産物にほかならず、この発展の次の段階は、市場経済的な競争関係を克服しその代わりにすべての労働者たちの協働的結合を打ち立てることに違いないと考えられた。このような歴史哲学的な思考の要素は、例えば、新しい運動の比較的穏健な代表者ルイ・ブランの著作においても見出される。彼は生涯大きな賛嘆の念を向けたコンドルセととりわけサン＝シモンに刺激されて、科学的啓蒙という恒常的過程により遅かれ早かれ、連帯的経済共同体の方向への改革が正確に実施されることが不可避であるとの考えから出発し、この改革を彼自身の綱領的著作でみずから推奨もした。[79] ここには、科学的な洞察を人間的文明の直線的な上昇発展の原動力と把握する古典的啓蒙の楽観的進歩主義に、フランスの初期社会主義者たちの自己了解がどれほど強く依存しているかが改めて示されているが、それに対して、プルードンの思考においては、すでにヘーゲル歴史哲学の最初の影響が示されている。彼の同志たちに負けず劣らず、プルードンもまた彼が宣伝する社会主義を、未来の社会秩序の指針と理解されることを欲した。歴史的発展は明確な法則により必然的にこの社会秩序に近づいていくとされた。しかし、フランスにおけるこの運動の他の代表者たちとは違って、彼は、この法則性を、進展する科学化の産物としてではなく、むしろ対立する諸階級間で常に改めて和解が生じるという、段階的に前進する過程の結果として説明しようとした。[80] 社会的な階級闘争が進歩を保証する役割をはたすという考えをこのようにほのめかすことによって、深く対立する伝統の構成要素を総合する名人であるプルードンは、マルクスの

(78) Salomon-Delatour (Hg.), *Die Lehre Saint-Simons*, a.a.O., S. 125-130.
(79) Cole, *Socialist Thought*, a.a.O., S. 169.
(80) Vgl. die Bemerkungen in: ebd., S. 208.

歴史哲学的思考を準備した。マルクスは後にこのフランスの無政府主義者の自分の著作に対するあらゆる影響を否定するだけではなく、厳しい批判をも向けたが、それにもかかわらず[81]、彼の史的唯物論には至るところでプルードンの思弁的思考の明確な痕跡が見出されるのである。

とは言え、カール・マルクスの著作において法則的進歩という初期社会主義に特徴的な思想は、二つの非常に異なる形態で使用されている[82]。この二つの競合するアプローチの第一のものは、明らかにヘーゲルとプルードンに影響されたもので、社会的発展の原動力として、社会的諸階級の闘争が想定されている。この闘争の継起は方向づけられた改革の連続であるとされる。なぜなら改革のどの段階においても、その時々の比較的大きいがそれまで排除されてきた集団の利害関心が支配的なものとなったからである。このように想定された、闘争に媒介された進歩の過程において、マルクスにとっての社会主義とは、そのさしあたっての最終段階である。それは、プロレタリアートによってこれまで常にその欲望が抑圧されてきた人口の多数が社会形成の力を得るからである[83]。それに対して、マルクスが人類史における方向づけられた進歩という想定を信憑性のあるものとするために持ち出す第二の説明モデルは、知識を基礎とする環境に対する支配力の向上という直線的過程へと切り詰められている。したがって、このオルタナティヴとなるアプローチにおいて、サン＝シモンとその学派からの一定の影響を想定しても間違いではなかろう。この第二のモデルでマルクスは、人間の自然支配の能力が永続的に上昇することが社会発展の原動力であると想定し、この人間の能力のうち未利用の潜在力によって、段階的に、社会の組織のあり方がそれに適合することを強いられると考える。このようにして、まったく別の形態の法則的進歩が生まれる。結局のところこの進歩は、遅れた不活発な生産様式が革命的な転回によって再三再四、生産力の技術的状態と一致させられるという点にある(84)——この形態の史的唯物論に関する近年の解釈のうち、疑いなく最も説得的な解釈は、ジェラルド・コーエンのものだが(85)、彼もまたこの形態の史的唯物論を正当にも技術的決定論の一種だとしている。

二つの説明モデルは、その大きな相違——後者は生産力の発展、前者は階級闘争——にもかかわらず一致点がある。それは、歴史の法則的な発展過程における目前に迫った次の段階を「社会主義

(81) Karl Marx, *Das Elend der Philosophie. Antwort auf Proudons »Philosophie des Elends«*, in: ders./Friedrich Engels, *Werke (MEW)*, Bd.4, Berlin 1972, S. 63-182〔『哲学の貧困——プルードンの『貧困の哲学』への返答』平田清明訳、『マルクス゠エンゲルス全集 4』、大月書店、一九六〇年、五九—一九〇頁〕。

(82) この緊張関係については以下を参照。Castoriadis, *Gesellschaft als imaginäre Institution*, a.a.O., Kap. I〔『社会主義の再生は可能か——マルクス主義と革命理論』前掲、第一章〕。

(83) 特に以下を参照。Karl Marx/Friedrich Engels, Manifest der Kommunistischen Partei, in: ders., *Werke (MEW)*, Bd.4, a.a.O., S. 459-493〔「共産党宣言」村田陽一訳、『マルクス゠エンゲルス全集 4』、大月書店、一九六〇年、四七三—五〇八頁〕。

(84) マルクスがこの「法則」に与えた多くの定式化のなかで、これはその一つにすぎない。

(85) Gerald A.Cohen, *Karl Marx's Theory of History: A Defence* [1978], Princeton/New Jersey 2001.

的」と言われる生産様式だと想定し、そこでは以前存在した諸矛盾が解決されているとする点である。その際参加する行為者たちの助力や行為は、ただ従属的な役割を果たすに過ぎない。なぜなら、それは、「彼らの背後で」、したがって彼らに意識されることなく必然的に貫徹する歴史的必然性のたんなる表現にすぎないからである。たしかにマルクス主義の歴史において、史的唯物論における法則概念のこの役割を弱めたり相対化し、もっともな反論に答えようとする試みは何度も繰り返しなされた。例えば批判理論の代表者たちは、歴史過程が法則的に進むのは、社会の生産諸関係がまだ「自然成長的に」再生産され、人間の計画による制御を免れているからだ、というマルクス理解を提案した。(86) しかし、十九世紀の社会主義における歴史の法則性の概念は、この洗練され、歴史的に制限された形態において広がったのではなかった。そこで当初支配的であった考えは、サン＝シモンの科学楽観主義から出発して急速に普及したマルクスの歴史概念によって強められたもので、自由な生産者の協働的共同体という自身のヴィジョンは、歴史の発展がその内的な進歩の力学にもとづき自分から必然的に向かう先を表現したにすぎないというものであった。

しかしながら、この決定論的な進歩概念の問題は、それが、運動内部でたちまち激しい論争の発火点となった政治的静観主義（Attentismus）を促進したことだけではなかった。(87) 歴史法則という命題はどうすれば正確に理解できるか、この命題は変革行為を活性化する倫理に置き換えた方がよいのではないか、といった点について二〇世紀初頭、社会民主主義者や共産主義者のあいだでたたかわされた議論の多くは、創始者たちの歴史哲学的決定論が社会主義運動において生み出した混乱を示している。(88) しかし、合法則的進歩という観念においてより決定的であったのは、歴史の発展をさまざまな課題が常に加わる、その総和と捉え、社会の改革にとってその発展が適切かどうかは、そのつど実験的な吟味によってはじめて決定できるのだという認識を当面のあいだ妨げたことにある。のちにジョン・デューイが冷静に明言するように、(89) 社会主義とは社会的自由という指導的理念を、

（86）例えば以下を参照。Theodor W. Adorno, »Die Idee der Naturgeschichte«, in: ders., *Philosophische Frühschriften* = *Gesammelte Schriften*, Bd. I, Frankfurt/M. 1973, S. 345-365〔「自然史の理念」細見和之訳、『哲学のアクチュアリティ』、みすず書房、二〇一一年、三九—八四頁〕、Alfred Schmidt, *Der Begriff der Natur in der Lehre von Marx*, Frankfurt/M. 1971, v.a. Kap. III〔『マルクスの自然概念』元浜清海訳、法政大学出版局、一九七二年〕。

（87）具体例は以下を参照。Dieter Groh, *Negative Integration und revolutionärer Attentismus. Die deutsche Sozialdemokratie am Vorabend des Ersten Weltkrieg*, Frankfurt/M., Berlin u. Wie 1974.

（88）例えば以下の巻に記録された議論を参照。Hans Jörg Sandkühler (Hg.), *Marxismus und Etik: Texte zum neukantianischen Sozialismus*, Frankfurt/M. 1974; Nikolai Bucharin/ Abram Deborin, *Kontroversen über dialektischen und mechanistischen Materialismus*, Frankfurt/M. 1974.

（89）以下を参照。John Dewey, *Liberalism and Social Action*, in: ders., *The Later Works*, Bd. II:1935-1937, Carbondale 1980, S. 1-65〔『自由主義と社会行動』、『デューイ＝ミード著作集11　自由と文化　共同の信仰』河村望訳、人間の科学新社、二〇〇二年、二五一—三三四頁〕。似た考察をのちに、モーリス・メルロ＝ポンティは正統派マルクス主義に対して行った。以下を見よ。*Die Abenteuer der Dialektik*, a.a.O., S. 65ff.〔『弁証法の冒険』、七一頁以下〕

その都度の歴史的諸条件にしたがって最大かつ最良のかたちで実現しうる方法を社会的実験によってはじめて見つけだそうとする運動であると社会主義が自身を把握することが、歴史法則性の想定によってほぼ完全に妨げられてきた。自由の実現した新たな社会の形態がいかなるものでなければならないか、という点については運動の代表者の誰もが常に確固たる考えを持っており、急速に変化する情勢がどのような変革のチャンスを示しているかが吟味されることはなかった。

歴史的実践的方法としての実験の排除は、所与の関係の改良に力を尽くすか、それとも革命かという決断とは無関係な事柄である。社会主義的な組織原理は段階的にしか浸透させられないという考えから出発した者もまた、その原理の規定を、利用されずにいるチャンスと隙間を探求過程に委ねようとはせず、それはすでに予め反論を許さぬ確実性を持っていると称した。歴史的行為の実験的理解から距離をとることは、社会主義そのものにおいては無条件的であって、漸次的なものではなかった。つまり、歴史の合法則的過程への信仰にもとづくなら、社会的変化の次の段階がどのようなものでなくてはならないかという点ははじめから明確であり、それゆえ、現にある可能性を状況に応じてテストすることはまったく不要だと思われた。

社会主義に歴史的実験主義の余地がないことが最も色濃く沈殿している領域は、社会主義の展開した理念が当初より、ほぼそこだけを念頭においていたところである。と言うのも、経済関係の社会的形態化に対する見方については、遅くともマルクスからすでに次のようなイメージが貫徹していた。そのイメージとはすなわち、市場の次に来るのは中央集権的計画経済という市場よりも優れたオルタナティヴしかありえず、その点については制度によって媒介するとかバランスを考える余地がもはや残っていない、というものだ。この理論的な自己閉塞は、歴史の諸段階に確固たる順序をみとめる思考に起因するが、これによって社会主義は、経済領域における社会的自由を実現する可能性をまずは実験的に探究するチャンスを自らつぶしてしまった。自身の敵対者、すなわち今日まで支配的な国民経済学と同様、経済的な福祉を生み出す適切な形態が制度的にどのような外観をとらねばならないかは、むしろ最初から決まっていた。教壇から伝えられる公認の経済学は今日まで、すべての政治的影響から「自由な」市場というイメージを、あたかも議論の余地なきドグマであるかのように抱えているが、社会主義もまた相変わらず、少なくとも公的意識においては、ただ中央からコントロールされる計画経済のみが資本主義的市場経済の代替物となりえるという信念に切り詰められた状態にある。

私が回顧的に社会主義の理論的負の遺産として分析しようとした三つの概念的な基本想定をもう一度それぞれ振り返り、子細に見てみると、それらが生まれたのは一貫して、資本主義的近代化の初期状態の精神的・社会的な所与とつながっていたためであることがわかる。社会と歴史に関する社会主義的概念という最初の前提においてすでに、いかに歴史的に一回限りの経験状態からすべての未来社会の望ましい秩序への帰納推理が無自覚に引き出されたかが、容易にわかる。と言うのも、今後は共通の目標設定について民主主義的な交渉はもはや不要で、すべての社会統合はともに協働する生産者の一致した意思に委ねればよいといった考えを持ちえたのは、おそらく、勃興期の産業化の恐るべきダイナミクスに幻惑され、産業化の組織力が政治的コントロールの源泉にもなりうると誤認した者だけだからである。したがって、個人的自由権の保証を将来、放棄してもよいという誤った見解は、初期社会主義者たちが、社会的労働が包括的な統合作用を持つという問い返されることのなかった信念のために支払わねばならなかった代償なのである。第二の問題のある基本想定も同じで、これに私たちはサン゠シモンからマルクスに至る社会理論的思考の一致点を通覧した際に出会った。と言うのも、資本主義的な社会システムには最初から、革命を準備するプロレタリアートというかたちでその内部に敵対者がおり、社会主義運動は常に彼らに依拠することができるという確信も、そもそも、ほとんどブレーキのかかっていない初期の産業化という背景からのみ理解できるからである。すなわち当時、社会的立法や選挙権のための闘争に先立って、おそらく短い間、工業労働者たちが強制された搾取、賃金低下、恒常的な失業の脅威によって緊密に団結し、その構成員たちが資本主義を克服する統一的な利害を形成しうる状態にあるかのように実際に見えたのである。――たしかにその後起こったすべてのことは、「ブルジョワ化」の概念で大まかに要約できるが、この時代と結びついた予測と、また客観的利害を帰着させるという方法が、間違いであることを示した。最後にまた、産業革命の過程に同じように依拠していたということは、初期社会主義者たちの社会理論の第三の前提、人類史における合法則的な進歩という前提にも当てはまる。しかしながら、この点に関して、私たちの著作家たちの思考に沈殿したのは、時代の社会経済的な状況ではなく、知的な状況である。サン＝シモン主義者たちの歴史像もルイ・ブランやカール・マルクスのそれも、初期啓蒙時代の進歩観に強く影響されている。この時代には、科学と技術との幸福をもたらす作用への希望にしばしば、人間の生活環境の段階的改良が法則的であるとの言明のかたちが与えられた。(90) 史的唯物論に至る初期社会主義的思考において、この歴史哲学的な楽観主義は、半世紀後も有効であり、実践的に目指され「社会主義的」だとされる社会形成が、歴史過程において近い将来、ほとんど因果的な強制性をもって現在の状態の後に必然的にやってくる段階として把握された。

社会主義の理念が産業革命の精神と社会という過去と結びつきを持っていたことを、第二次大戦後、この理念が急速かつ音も立てずに時代遅れとなったことの原因として想定することは、おそ

(90) 例えば以下を参照。Nibet, *History of the Idea of Progress*, a.a.O., Teil II, Kap.6; Peter Gay, *The Enlightenment: The Science of Freedom*, New York 1996, Kap. II〔『自由の科学Ⅰ——ヨーロッパ啓蒙思想の社会史』中川久定他訳、ミネルヴァ書房、二〇一四年、第二章〕。

らく間違いではないし、今日の目から見ればそれ自体としては基礎づけの必要ももはやないだろう。技術革新、社会的構造転換、政治改革により社会状況がいったんラディカルに変化するや否や、したがって一九六〇年代と一九七〇年代の間に、創設者たちの考えは、すでにそのすべての当初の魅力を失わざるをえなかった。なぜなら、その考えは社会理論的な内容において非常に深く十九世紀初期に根差していたからである。したがって、古い理念に今日もう一度新たな生命を吹き込もうとするすべての試みは、時代に適った表現の余地を作り出すためには、時を経て支えを失った社会理論上の根本想定との結合を徐々に解くという面倒で労の多い作業から始めなくてはならない。社会的自由という当初のヴィジョンは、現在の条件に合わせて成長した社会理論と歴史理論において展開された時にのみ、おそらく、かつての活力の一部を回復することができるだろう。しかしながらその際、以前に述べた三つの前提を代替物もなしにたんに捨て去ることのないよう注意が必要である。それらは未来を志向し実践的動機を持つ教説の必然的な構成要素をなすので、それらにはそれぞれ、理論的な代替物が抽象的な、産業主義的精神から解放されたレベルで見出されねばならない。そのような必然的な変形のための最初の提案を展開するという作業のために、この研究の次の二章を割こうと思う。最初のステップで、資本主義的市場経済の批判を扱う文脈において、法則への信仰や歴史の自動〔展開〕《オートマティズム》主義をすべて放棄しても、展望された改革の実現可能性への信頼を引き続き呼び起こすためには、社会主義の歴史理解は今日どのようなものであらねばならないか述べる（第三章)。そして最後のステップでは、社会主義が長い間ためらった後、ついに現代社会の機能分化という事実を適切に考慮するようになれば、社会主義の社会理解とそしてまたそのプロジェクトの地平の全体がどれほど変わらなくてはならないか、その概略を述べる(第四章)。

第三章　刷新の方途（1）——歴史的実験主義としての社会主義

第三章を始めるにあたり、まずこれまでの考察の帰結をもう一度手短に要約し、その過程で今日社会主義を刷新するうえでの課題がどこにあるのか、見定めることにしよう。この理論的運動の本質的特徴を一文に要約しようとすると、先に述べた理由から、パラドキシカルな定式化を余儀なくされる。すなわち、社会主義においては、フランス革命の遺産の矛盾し合う諸要素を社会的自由の制度化によって解決しようという豊かで射程の長い思想が、そのほぼすべての側面において産業革命の経験内容に影響づけられた思考形態によって展開された。このパラドックスをより明白に浮かび上がらせるには、マルクスの考え方を借りて次のように言うこともできる。すなわち、社会主義においては社会的自由という理念の規範的生産力が、産業革命に由来する言説形態

(Diskursformation) という理論枠組みに妨害され、その理念に内在するポテンシャルを現実に展開することができなかった。つまり、創成期の理論家たちはマンチェスター資本主義型の労働社会の概念的諸前提に強く囚われすぎていたため、近代社会を将来、互いのために活動する主体からなる社会にしようという、その政治実践的意図に含まれていた過剰で、自分の属する時代をはるかに凌駕する動機を、完全に実りあるものとすることができなかった。

社会主義の根本的問題についての、共感的立場からの批判という視点からの同様な診断は、遅くとも第二次大戦終結以来、すでに存在した。まず挙げるべきは、戦後フランスの雑誌『社会主義か野蛮か』を中心するサークルの諸労作であり、そのもっとも重要な代表者はコルネリュウス・カストリアディスだろう。[91] また、ベルリンの壁崩壊直後にユルゲン・ハーバーマスが行った社会主義の保持すべき核心を取り出す試みも、初発の理念を時代に即して再生しようとする努力に違いない。[92] いわゆる「分析的マルクス主義」は社会主義をリベラルな正義理論に対する純粋に規範的なオルタナティヴとして提示し、ただそうするだけで先に指摘した問題を除去しようとするが、[93] それとは異なり、コルネリュウス・カストリアディスとユルゲン・ハーバーマスを好例とする伝統のラインは、社会主義とは、自身が可能となる諸条件を自己反省的に確保し、異なる生活形式を目指す、実践的意図を持つ理論でなくてはならないという立場を堅持する。つまり、社会主義の目標は、社会正義をただ改良しただけの構想をはるかに超えるものであり、その意図は、道徳的当為のできるだけ説得的な基礎づけをはるかに超えるものだ。なぜなら、社会主義という未来に関わる運動概念が使われるとき、常に同時に意図されていたのは、近代社会にすでに内在する諸力ないしポテンシャルを解放、稼働させ、それによって近代社会を最終的にその語の全き意味において「社会的」なものにすることだからだ。社会主義の刷新の試みが今日直面する課題をこのような包括的な意味で理解する者は、その初期産業主義に根差す遺物に直面して、一連の解決困難な問題を突きつけられていることに気づく。と言うのもこのとき、社会主義運動の初期の思想家たちがみずから立てた課題を解決する手段にしようとした歴史理論と社会理論の誤った基本的想定すべてに替わる、より高次の普

(91) Castoriadis, *Sozialismus oder Barbarei*, a.a.O.〔『社会主義か野蛮か』前掲〕。ユーゴスラヴィアの「プラクシス」派の修正の提案もおそらく同様の文脈に属する。典型的なものとして以下を参照。Predrag Vranicki, *Marxismus und Sozialismus*, Frankfurt/M. 1985; Gajo Petrović, *Wider den autoritären Marxismus*, Frankfurt/M. 1969.

(92) Jürgen Habermas, »Nachholende Revolution und linker Revisionsbedarf. Was heißt Sozialismus heute?«, in: ders., *Die nachholende Revolution*, Frankfurt/M. 1990, S. 179-204〔「遅ればせの革命」、『遅ればせの革命』三島憲一、山本尤、木前利秋、大貫敦子訳、岩波書店、一九九二年、三―四九頁〕。

(93) Vgl. John Roemer (Hg.), *Analytical Marxism*, Cambridge 1986; Cohen, *Self-Ownership, Freedom, and Equality*, a.a.O.〔『自己所有権・自由・平等』前掲〕。アナリティカル・マルキシズムが展開した社会主義のイメージのもつ実践的、政治的欠点については、ジョシュア・コーエンとジョエル・ロジャースがたいへん説得力のあるかたちで指摘している。Joshua Cohen und Joel Rogers »My Utopia or Yours?«, in: Erik Olin Wright (Hg.), *Equal Shares. Making Market Socialism Work*, London/New York 1996, S. 93-109.

遍化可能性を持つ代替物が必要となるからだ。社会的自由の確立という規範的理念、その理念を代表する運動勢力がすでに社会内部に存在するという考え、あるいは自身の意図の支えとなる歴史的傾向を前提とすること、そのいずれも、かつて創成期の主唱者らが述べたままのかたちで引き継ぐことはできない。たしかにこれら三つの基本的想定が一体となってはじめて、社会主義は実践的に変革を目指す理論たりえるのだが、それぞれについて、現在の私たちの進歩した意識にも耐えうるような補足が必要だ。その意味で今日の社会主義は、それに未来があるとすれば、ポストマルクス主義的な形態でしか再生しえない。

以上が、以下の二章で少なくとも最初の輪郭を描こうと思っている課題の概略である。すなわち、古典的社会主義の歴史理論と社会理論との個々の構成要素に替わる、より抽象的で私たちの時代によりふさわしい枠組みを見出さなくてはならない。その枠組みは、私たちの力を一つにまとめ、それを個人の自由ではなく社会的自由の拡大へと向けることが正当であり、また歴史的に可能であることを示すものでなくてはならない。とは言え、これから行う最初のスケッチでは、第二章でのように、社会主義の社会理論の上述の三つの支柱を順番に扱うという方法はとれない。それぞれの解決策をより抽象的な次元で見出すためには、むしろ異なる基本想定のあいだをたえず往きつ戻りつしなくてはならない。なぜなら、ある領域での修正が他の領域の修正と関連させなければ行えない、といったことがしばしば起こるであろうからだ。つまり、社会主義に役立つ社会と歴史のイメージを新たに得ようという私の試みでは、すべてがすべてと関連している。従来の古びた背景理解の前提は、いずれも他の前提と無関係に満足な変更ができない。

ともかく、社会主義を理論的に現代化しようとするこの作業でも、まずはその社会理論的諸前提の再構成を開始した地点からはじめる方が有意義だと思う。と言うのも結局、社会的自由が将来、制度的地歩を占めることになる場を近代社会内部に示そうという企図が、創成期の運動のあらゆる実践的努力の中心点だからだ。すでに見たとおり、創成期の運動を担った思想家たちは例外なく以下のことを確信していた。すなわち、自由が個人主義的にのみ理解される社会的原因、新たなリベラルな秩序の正当化の体系における分裂の社会的原因は、経済システムによる行動の強制にあり、この経済システムはあらゆる関与者をただ自身の利害のみを追求し、各自の相互行為のパートナーを競争相手としてしか見ないよう仕向ける。たしかに、大きな振幅を伴いつつ確立の途上にあった市場経済を個々の点でどう把握すべきか、という問題は当初、まだ不明な点が多々あった——この点については後にマルクスがはじめてその資本主義分析で一定の明確さを与えた。[94] しかし、自由と連帯の融和という企図、つまり社会が「社会的なものとなる（Sozialwerden）」ことにそもそも成功

(94) マルクスの価値論の意味と限界については以下を参照。Heimann, *Geschichte der volkswirtschaftlichen Lehrmeinungen*, a.a.O. Kap. VI.

の見込みがあるとすれば、まずもって経済領域における個人主義をラジカルに克服する必要がある、という点については一致点があった。このように連帯の創造と経済システムの転換を等値したこと、社会的自由とコーポラティヴな経済を等値したこと、ここに社会主義がその成立直後よりたんなる経済政策的プログラムだと内外から見なされることがあった根拠を見出すことができる。つまり、運動内部では、社会の解体傾向と個人化を助長する諸力はひとえに新しい資本主義的経済秩序に根差すものだという確信が支配的となった。それゆえ、この一領域で個人的自由が社会的自由に置き換えられれば、社会の構成員のあいだに連帯的関係を確立するのに不可欠な前提条件すべてがつくりだされる、と短絡的に推論されたのだ。以上概略した伝統的社会主義全体にとって決定的な推論について、その意図を現在再び有意義なものとするには、二つのそれぞれ独立した訂正がなされるべきだと私は考える。第一の修正は、当時、経済システムの改造が必要だという視点から展開されたイメージのあり方に関わる（1）。第二の修正点は、将来の連帯的社会における自由を、そもそも経済領域内部から発した社会的自由の諸概念でしか構想しないという全般的傾向に関わる（2）。本章ではまずこの二つの修正に取り組み、次の第四章では、「社会主義的」と言えるような将来社会の自由の基本的あり方について取り扱うことにする。二つの章での考察の流れのなかで、この創成期の社会主義の経済政策の核心部分を訂正し、そうすると同時に他の二つの理論的前提、つまりその歴史概念とその下敷となっている社会モデルについても変更の必要があることを示す。

創成期の社会主義者らについて若干の好意的な解釈を加えれば、まだ次のように言うことができるかもしれない。すなわち、彼らは自身の経済秩序のオルタナティヴの構想を、市場という新たに生まれた媒体に、関与者の連帯的、協働的諸関係を拡大する余地がどれほどあるか、実験的に吟味するものとして理解していた。いずれにせよ、生産協同組合の設立というオーウェンの提案、また、企業の設立資本を中央銀行によって公正に、特に比較的下層の人々の利益になるよう分配するという、おもにフランスで展開された計画は、その核心において、勤労大衆を自己管理的共同組合（Kooperative）という形態で、価格統制と法的規制によって規範の枠がはめられた市場の強力な参加者にすることを目指すものであった。ずっと後に生まれた概念を使うなら、それらはおもに、さまざまな種類の「市場社会主義的」措置で、社会的なものと理解された自由のための諸前提を経済領域に作り出そうとする努力であったと言える。[95] たしかに、当時すでに資本所有者が価値増殖への関心を貫徹するために、圧迫と暴力に訴え出していたという事実を思い起こすと、これらの考えはかなりナイーヴなものであったと思われるかもしれないが、それらはやはり、勇敢な最初の試み特有の魅力にとどまらない、「為しつつ学ぶ（learning by doing）」態度という美点を備えてもいる。つまり、運動に従事する者たちはまだ、自身の政治的知的活動の対象がどんな経済システムなのか、完全に

（95）この議論については、例えば以下を参照。Wright (Hg.), *Equal Shares*, a.a.O.

理解してはいなかった。そこで彼らは、社会主義への法則的な進歩を無条件に信じながらも、まずは市場がどれほどの道徳的負荷に耐えられるかを試さざるをえなかったのだ。初期社会主義のまだ「実験的」と言えるこのアプローチは、マルクスの登場により根本的に変化する。この若き亡命者はすぐに次のような把握を彼の敵対者に示した。すなわち、ここまで到達した市場の形態は社会諸関係のアンサンブルの全体であり、さまざまな道徳的イメージを基準に個々の部分を恣意的に切り離すことができるようなものではない。初期社会主義者のなかでも傑出した経済学者であったマルクスは、この新しい社会編成の本質的構成要素を、需用と供給の法則に支配される交換関係、個別資本による生産手段の支配、価値を創出するプロレタリアートの原理的無所有性だと把握する。そして、彼の目にはこれら三つの部分が関連し合って堅固な統一、ヘーゲル的な意味での「総体性(Totalität)」を形成していると映った。この総体性をマルクスはすでに初期の著作で「資本主義」という概念に重ね合わせだしていた。それでも、ごくまれにではあるが、マルクスの著作から次のような可能性が透けて見えることがある。それは、資本主義的市場は究極のところでは堅固に結合した統一態ではなく、常に変容に服し、変革可能な諸制度からなる構築物であり、その改良の可能性は実験を繰り返してはじめて検証することができるのではないか、という可能性だ。(96)

しかし基本的にマルクスはヘーゲルの総体性思考に負う概念戦略により、さまざまな形態をとる市場を資本主義と強く同一視したため、運動の内部では彼の死後長く、オルタナティヴとなる社会主義的経済形態をまったく市場のない経済としか考えられなくなった。さらに、そのような経済は中央で統御された計画経済モデル以外にないと思われたため、新たな経済秩序内部の関係は、すべてのアクターが高次の審級に垂直的に関係するような型でイメージされることになった。初発の直観にしたがうなら、生産者が互いに水平的関係をとるはずであったのに、である。マルクスの資本主義分析は、古典経済学に肩を並べられるほどの体系的に完結した経済理論を提供し、その点で社会主義運動にきわめて大きな功績があった。しかしその総体化を志向する特徴はまた、社会主義運動全体に大きな禍根を残しもした。と言うのも、資本主義が統一的な社会システムであり、そのシ

（96）マルクスの著作では、「資本主義」が「鉄の檻」（マックス・ヴェーバー）として語られることがほとんどだが、大きな例外のひとつが「国際労働者協会創立宣言」だ。そこでマルクスは適切な生産様式をめぐる「中間階層の政治経済学」と「労働者階級」のそれのあいだの争いについて語っている。その文脈で彼は「協同組合運動（Kooperativbewegung）」ないし「協同組合工場（Kooperativfabriken）」を「偉大な実験」とよび、あたかも「社会的生産の賢明で慎重な統制」という課題（！）は（資本主義的）市場の実験的吟味に属する事柄であると告白しようとしているかのようだ。以下を参照。Karl Marx, »Inauguraladresse der Internationalen Arbeiter-Assoziation«, in: ders./Friedrich Engels, *Werke (MEW)*, Bd. 16, Berlin 1968, S. 5-13, bes. S. 11f.［「国際労働者協会創立宣言」村田陽一訳、『マルクス＝エンゲルス全集16』、大月書店、一九六六年、三―一一頁、特に九頁］。こういう事例以外の、資本主義が固有の諸法則にしたがって作動するシステムであるという、マルクスにおいてほとんど支配的な把握に対する批判として以下を参照。A. Honneth, »Die Moral im ›Kapital‹. Versuch einer Korrektur der Marxschen Ökonomiekritik«, a.a.O.

ステムにおいて市場は、自身に内在する価値増殖の命令により、絶えざる拡張を目指す傾向を持つと考えることで、マルクスは、中央集権的計画経済と異なる経済の社会化の制度的方途を構想するあらゆる可能性を、社会主義から奪ったのである。

たしかに今日、資本主義的市場は、マルクスの予言した発展傾向すべてに寸分たがわず一致するかのような姿を呈している。古い産業プロレタリアートと新たなサービス労働プロレタリアートには、社会的に保護された労働関係での長期雇用に就ける見込みがまったくなく、資本配当からの収益はまれに見る高水準にあり、結果、少数の資産家と大多数の大衆のあいだの収入格差はおそろしく広がった。また、公的セクターも経済的収益率の原理にますます支配されるようになり、あらゆる生活領域の資本への「実質的包摂」というマルクスの診断が、しだいに実現しつつあるように見える。[97]だが、こういったことは資本主義的市場社会の歴史で常態だったわけでもなければ、歴史的強制によってこの状態が続くほかないというわけでもない。したがって社会主義の伝統の再生にあたっての最重要課題は、マルクスの行った市場経済と資本主義の同一視以前に戻り、市場のオルタナティヴな利用法をいろいろと構想する余地を獲得することにある。フランス革命の約束を経済領域における社会的自由の制度化によって実現するという、社会主義の初発の直観に立ち返るなら、勤労者がそのように水平的に互いのために活動し、互いに補い合うためには三つの経済モデルが考えられる。一つめはアダム・スミスがイメージしたような市場である。彼は需要と供給の法則を「見えざる手」のメカニズムとして解釈し、それによって平等な権利を持つ善意の市民の経済的利害が相互補完し合えると考えた。[98] 次に「自由な生産者の連合」という尊いヴィジョンがある。その内容は、民主的に自己統御された共同体で、労働可能な構成員が市民社会的な（zivilgesellschaftlich）経済的必要を自立的に組織、管理するというものだ。最後に、経済領域における社会的自由の行使を次のようにイメージすることも可能だ。すなわち、市民が民主的な意志形成によって国家組織に、経済的再生産の過程を社会の福利という関心から統御・監視するよう委託する、という形態だ。[99] 概略した三つのモデルのいずれも、社会主義を根本的に修正するうえで、ただ脇に押しやってしまうことのできない価値を持つ。反対に、これらのモデルはいずれも基本的なイメージを共有している。それは、万人の共有する諸欲求を充足する適切な手段の分配は、平等な参加の機会を持つことが互いのために活動し合うことだと理解できるアクターの手に委ねるべきだ、というものだ。それゆえ

(97) 第一の傾向については以下を参照。Thomas Piketty, *Das Kapital im 21. Jahrhundert*, München 2014〔『21世紀の資本』山形浩生、守岡桜、森本正史訳、みすず書房、二〇一四年〕。また第二の傾向については以下を参照。Wolfgang Streeck, *Gekaufte Zeit. Die vertagte Krise des demokratischen Kapitalismus*, Berlin 2013, bes. Kap. III.〔『時間かせぎの資本主義――いつまで危機を先送りできるか』鈴木直訳、みすず書房、二〇一六年、特に第三章〕。

(98) Adam Smith, *Der Wohlstand der Nationen* [engl. Orig.: London 1789], München 1990〔『国富論（1）―（4）』水田洋監訳、岩波文庫、二〇〇〇年〕。以下も参照。Lisa Herzog, *Inventing the Market: Smith, Hegel, and Political Thought*, Oxford 2013.

(99) 三つのモデルの区別については以下を参照。Erik Olin Wright, *Envisioning Real Utopias*, London 2010, Kap. 7.

三つのモデルはひとまず、資本主義的市場に対するオルタナティヴとして同等の資格を持つものと見なさなくてはならない。この脈絡で忘れてはならないのは、スミスは本来、自分自身の利益に関心を持つさまざまな主体が他者それぞれの根拠のある利害に好意的な感情をもって相対する経済制度として、市場を特徴づけようとしたということだ。[100] 三つのモデルはいずれも、経済の領域で社会的自由を実現しようとの規範的意図からの制度的改革の選択肢として、等しい可能性を持つ。したがって、それらについて論理的必然のみによる、いかなる実際の吟味も経ない決定を事前に持ち込んではならない。むしろ刷新された社会主義は、市場、市民社会（Zivilgesellschaft）、民主的法治国家という三つの制御原理のうち、経済領域における社会的自由の実現という目的にとって、どれが最も適格であるかという証明を、実践的に遂行されるさまざまな実験に委ねなくてはならない。とは言え、経済問題に関する私の考察を先に進めるには、その前にまず、古典的社会主義の第二の支柱に根本的な修正を加えなくてはならない。と言うのも、経済領域における社会的自由の余地を拡大するために、制度的改革の的確な形態を実験的に探究しようという考えは、人間の歴史は法則的進歩という形態で進むという、サン＝シモンからカール・マルクスに至るまで支持されてきたイメージとやはり折り合いがつかないからだ。

第二章で簡単に述べたとおり、すでにジョン・デューイは伝統的な形態の社会主義を、歴史の変革過程を実験的に理解していないと非難していた。つまり、デューイによれば、歴史発展の次の段階の形態がすでにあらかじめ確定しており、資本主義的な社会形態に特定の社会主義的な社会形態が不可避的に続くなら、わざわざ現存するポテンシャルを精査し、望まれる改良につながる措置としてどれがふさわしいかを見つけ出す必要などそもそもない、ということになる。[101] この異議はたんなる修正という機能のみならず、むしろ原理的な性格を持つ。この異議が注意喚起しているのは、歴史の合法則性という前提と、目標とする変革の余地を実験的に吟味するという知的方法とが根本的に両立不可能であるということだ。と言うのも、社会進歩のために踏み出すべきステップについて語る際、それを歴史の諸法則への客観的洞察の結果と捉えるか、それとも目指す変革のために状況依存的な種々の可能性を実践によって解明した結果とするかでは違いがあるからだ。とは言え、実験的な歴史理解によれば、歴史のプロセスはその都度の段階ごとに新たな、あらためて解明すべき改良のポテンシャルを宿していることになるが、このような歴史理解もそれはそれとして、具体的状況において何が改良と言えるかという点について基準を必要とする。つまり、特定の事態を「ポテンシャル」と見なせるとすれば、それがどういう目的にとって格好のきっかけになると言

(100) Herzog, *Inventing the Market*, a.a.O.; Samuel Fleischacker, *On Adam Smith's ›Wealth of Nations‹. A Philosophical Companion*, Princeton, 2004, Teil II.
(101) Vgl. Dewey, *Liberalism and Social Action*, a.a.O., S. 41-65〔「自由主義と社会行動」『デューイ＝ミード著作集11　自由と文化　共同の信仰』河村望訳、人間の科学新社、二〇〇二年、二五一―三三四頁〕

えるか、前もって少なくとも漠然と規定されていなくてはならない。

この点についてジョン・デューイは、まさに思弁的で、かすかにヘーゲルを想起させるようなイメージを駆使している。驚くべきことに、このイメージは社会的自由に関する社会主義の出発点の考えと多くの近親性を持ち、ここに浮上した問題を解決する糸口を与えてくれる。すなわち、社会的問題と見なされる状況に対し、その都度もっとも包括的な回答を実験的に探る際に、規範的な導きの糸だと考えるべきものとは、デューイによれば、社会の構成員による知性的な問題解決を目的とする強制されることのないコミュニケーションを阻む障壁の除去である。[102] そのような協同的で、社会的自由を行使する状況の克服のあり方が規範的優位性を持つとデューイが考えるもととなった考察は、はるか自然哲学的なものにまで達する。この考察は進化を引き起こす力のあり様について述べたもので、修正された社会主義が自身をたんに道徳的当為の表現であるだけでなく、歴史的傾向の表現としても捉えようとするならば、この考察に依拠してもよいだろう。デューイの射程の広い考察の出発点となるのは次のテーゼである。すなわち「アソシエーション的（assoziativ）」ないし「共同体的（gemeinschaftlich）」関係があらゆる所与の基本特徴であり、そもそも発展というものは、孤立していた「個体」が接触することで、現存していたポテンシャルが解放・実現されるという形態においてのみ生じる。つまり、その都度の現象において、そのなかにあってまだ姿を現していない、その意味で将来の種々の可能性としてあったものが現実化するのは、それらが互いにコミュニケーションを開始する場合のみである。以上で概略したあらゆる現実の傾向、すなわち、さまざまな要素のあいだのその都度の「相互行為（Interaktion）」によって、利用されないでいた種々の可能性が解き放たれ、新たな実在が作られるという傾向は、存在のあらゆる段階に見出され、物理的なものから有機的なものを経て「心理的なもの」にまで至る。しかしデューイによれば、この現実の階層の最高段階は「社会的なもの」が占める。なぜならそこでは「集団化の特殊人間的な諸形態」[103]によってポテンシャルの解放の豊かさと精緻さがさらに一段階高められるからだ。つまり、この社会的なものという進化の段階においては、あらゆる実在による相互行為の性格が意味媒介的コミュニケーションという特別の質を帯び、そのことにより、それまでに解放されたポテンシャルにあらためて付加的な意味が与えられ、その量が増幅されることがあるからだ。また、デューイによれば現実のこの最高段階においても、以前の段階についてすでに示されたことが妥当する。つまり、個々の諸要素の相互反応への妨害が少なければそれだけ、現存するポテンシャルは解放され実現されうる。ここ

（102）Ebd.; また以下も参照。John Dewey, »Die umfassende philosophische Idee«, in: ders., *Philosophie und Zivilisation*, Frankfurt/M. 2003, S. 79-93 (engl.: »The Inclusive Philosophic Idea« [1928], in: ders., *Later Works*, a.a.O., Bd. 3, S. 41-54). この後の記述については以下も参照。John Dewey, *Erfahrung und Natur*, Frankfurt/M. 1995, Kap. 5〔『デューイ＝ミード著作集4　経験と自然』河村望訳、人間の科学新社、一九九七年、第五章〕

（103）Dewey, »Die umfassende philosophische Idee«, a.a.O., S. 81.

から、デューイは次のように結論できると考える。すなわち、人間社会という現実領域の内部で、そのなかに存するさまざまな可能性が完全に現実化されるのは、社会の構成員すべてができるだけ妨害と強制なしに、自分たち特有の意味媒介的コミュニケーションに参加しうる場合に限られる。

「社会的なもの」のこの性格、すなわち社会の構成員相互の可能な限り限界のないコミュニケーションは、社会的現実内部で実際にある種の「力」を生み出し、それによって社会的現実にある歴史的傾向を生み出すが、これはもうひとつの別の独立した事情のためだとデューイは考える。彼の見るところ、これまで相互行為から排除されてきた集団はいずれも、時が経つにつれ社会のコミュニケーションのプロセスに関わりたいという基本的関心を増さざるをえない。なぜなら、孤立と隔離は常に内部での自由の喪失の危険、強制なき繁栄と成長が停滞する危険をはらんでいるからだ。したがって、デューイの見地によれば、包括的な相互行為からの排除に対する社会集団の反抗が繰り返し規則的に起こり、その結果、それが人間の歴史のなかで、制約なきコミュニケーションというあらゆる社会的なものの根底をなす構造が、社会的な生活世界の内部で一歩ずつ実現するよう計らってきた、というのだ。[104] ここで、万人が問題と感じる状況への適切な解決策を実験的に模索する際に、何が改良の基準となるかという問いに立ち戻ると、この問いに対するデューイの回答は方法的性格を持っていると言える。すなわち、歴史的社会的実験は、その時々の問題の当事者が、より広範にその探求の過程に引き入れられるほど、より良い、より安定的な解決に至る。これまで見たデューイの考えからすれば、彼はそう主張しているように思われる。なぜなら、コミュニケーションの限界を拡大するほど、当該社会が現実の困難を生産的に解決するのに適した未利用のポテンシャルの多くを知覚する能力も高まるであろうからだ。この方法的イメージを明確にするために、ヘーゲル哲学の客観的精神に翻訳し返すと、以下のように表現できる。すなわち、私たちが唯一、社会領域内部の進歩の尺度にできるのは、進歩の担い手、つまり相互に関係し合う諸主体が、その時々に生じる変革によって、彼らがそれまで置かれていた従属状態から解放されるか否か、また、彼らが是認したものではない、外部から押し付けられた諸規定から解放されるか否か、である。この条件をある社会の基本的制度の社会的転換が満たし、またその転換が、社会的な自己形成に万人が同等に与ることを妨げてきた様々な制約からの解放を引き起こすなら、ヘーゲルによれば、この転換は自由の包括的実現のプロセスの一段階だと言える。[105] したがってヘーゲルにとっても、社会的

(104) Dewey, *Lectures in China, 1919-20*, a.a.O., S. 64-71. デューイのこの特殊なアプローチへの示唆を私はアルヴィ・サルケラから得た。この点については彼の以下の論文を参照。Arvi Särkelä, »Ein Drama in drei Akten. Der Kampf um öffentliche Anerkennung nach Dewey und Hegel«, in: *Deutsche Zeitschrift für Philosophie*, 61 (2013), S. 681-696.

(105) ジョン・デューイは、コミュニケーションの障壁からの解放力が「社会的なもの」に内在するという自身の構想と、自由の意識における進歩というヘーゲルの歴史のイメージとの親和性を明確に認識していた。以下を参照。John Dewey, »Lecture on Hegel« [1897], in: John R. Shook/James A. Good, *John Dewey's Philosophy of Spirit*, New York 2010. またここで概略したようなヘーゲルの歴史哲学の解釈について、以下の印象的な解釈も参照。Rahel Jaeggi, *Kritik von Lebensformen*, Berlin 2013, S. 423ff.

なものの領域内部での「改良」とは、構成員が共生するための規則をできるだけ理性的に探究、確定するための構成員相互の強制なきコミュニケーションに立ちはだかる障壁を克服する歩みであると言えるだろう。社会主義の歴史的自己理解においてこれまで支配的であった法則性への信仰を歴史的実験主義に置き換えようという私たちの課題に対し、以上の一見、迂遠と思われる考察によって、その最初の印象以上のものが獲得された。と言うのも、社会的改良の基準たりうるのはコミュニケーションの障壁からの解放、相互行為を抑制する従属状態からの解放という卓越した観点のみであるという、デューイとヘーゲルの両者が支持するイメージによって提供される理論的道具は、社会的自由という理念が実験的であることを自認する社会主義の歴史的基礎であり、同時にその基準であるとの把握を可能とするからだ[106]。

この考えは、まだ的外れに思われるかもしれない。これを説得的なものにするには初期社会主義の歴史理解をもう一度、簡単に振り返る必要がある。すでに見たとおり、そこでは自分たちの未来に関する理論は、人間の生産力の不可避的進歩を意識化したものとして、あるいは、同じく法則的に前に推し進められた階級闘争の現状を意識化したものとして捉えられていた。そしてどちらの場合でも、より高次で歴史上ふさわしい社会形態への移行が現在必然的であることに気づく社会的代表者としてプロレタリアートが捉えられ、短絡的にこの変革への客観的関心をプロレタリアートが持つとされた。しかしこの二つの背景的な確信、つまり法則的進歩と革命的プロレタリアートに関する確信が崩れ、それればかりか、それらが産業革命の時代の科学的虚構だと見抜かれた後、社会主義は、その規範的要求に社会的な拠りどころを与えることのできる担保、歴史が前進傾向にあることの担保をまったく持たない危機的状態に陥らざるをえなかった。

それにより社会主義は今日に至るまで、数ある純規範的な正義理論の一つとなりかかっていた。そのような正義理論として社会主義が理解されるならば、それが求めるものは、べきであるという意識（ein Gesolltes）に訴えるものでしかなく、これまで何らかのかたちで欲されてきた事柄（ein Gewolltes）の表現として捉える必要のないものとなる。[107] 社会主義の没落とは、基本的に、歴史的傾

(106) このような歴史的実験主義の論理については以下を参照。ebd., Kap. 10.1.

(107) 私の見方が正しければ、すでにここにジョン・ロールズが驚嘆すべき明確さと目配りで長年にわたり、常にあらたな形で展開してきた正義の概念の理論的自己理解との完全な相違がある。ロールズの確信によれば、正義という政治的概念の課題とは、民主的な社会の構成員がすでに受け入れている規範的な理想を思い浮かべることによって、その理想から彼らが是認しているはずの正義の諸原理に気づかせ、それによってすでに与えられている諸制度と融和することでなくてはならない（John Rawls, *Gerechtigkeit als Fairneß. Ein Neuentwurf*, Frankfurt/M. 2003, S. 19-24［『公正としての正義　再説』田中成明、亀本洋、平井亮輔訳、岩波現代文庫、二〇二〇年、二一—九頁］）。それに対し社会主義は、それを歴史的に担ってきた諸傾向に意識を向け、現存する社会秩序において果たされていない約束を示す。この約束を果たすためには諸制度の現状のあり方の変革が求められる。したがって両者の差異は前提となる倫理的準拠点——前者では個人の自立、後者では社会的自由——だけにとどまらない。それによって示される実践的・政治的見通しも異なり、それはロールズにとっては人倫の融和であるのに対し、社会主義においては絶えざる乗り越えと捉えられなくてはならない。

向の表現を自認する理論の没落を意味することになろう。この好ましからぬ状態から逃れるには、歴史との繋がりのオルタナティヴな形態を探す必要がある。社会主義の側に立ちながら、この繋がりを放棄してもよいと考え、それを余計な思弁だとしか思わない者は、事実上、私たちが将来、政治的、道徳的自己理解においていかなる社会主義的なヴィジョンなしでもやっていけると告白していることになる。だがそういうオルタナティヴがあるとすれば、社会主義がより抽象度の高い次元で自身の要求を支える力を歴史過程のなかに再び確保する最良の可能性は、先に示したジョン・デューイ（そしてヘーゲル）の思想のなかにあると私は思う。こう考える機縁となったのは、コミュニケーションと社会的相互行為の拡張の運動が人類史を貫くというデューイの展開した考えが、初期社会主義者たちが経済領域に適用できると考えたイメージにたいへん類似しているとの推察である。と言うのも、初期社会主義者が目指した、経済行為の領域で社会的自由の諸条件を創出し、それによってフランス革命の三つの原理すべてを同等に実現することを妨げている障壁の除去とは、究極的には、個人の自由と連帯のあいだに生じた、規範的な抑圧と感じられる対立を乗り越える解決策を、社会的コミュニケーションのさらなる拡張に求めることに他ならない。初期社会主義者のあいだで、自分たちの運動は社会的コミュニケーションの障壁の除去という歴史全体を規定する原理を継続する試みであると、誰よりも強く意識していたのは、ヘーゲルの影響を受けたプルードンであった。彼の著作のある箇所では、まったくデューイ的な意味で次のように言われている。種々の相互性がたえず包括的となり、拡張される傾向こそ、あらゆる社会発展の力、あらゆるいきいきとした成長の力であると考えなくてはならない[108]。

社会主義の根底にこのような歴史的自己理解が置かれれば、社会主義を、この間さらにいっそう進展しながら社会的に実現されていない生産力発展のポテンシャルから法則的に帰結する社会変革を明瞭に意識化したものだと捉える必要はなくなる。また、ときにマルクスがそうしたように、社会主義を、それぞれ確固たる利害を持った集団間の紛争が法則的に継起するものという意味での階級闘争における、そのもっとも進歩的な階級の反省的道具と捉える必要もなくなる。そのかわり、社会主義は以下の事実の特殊近代的な表現と考えなくてはならない。その事実とは、歴史のプロセスのなかで常に新たな、社会的状況によってさまざまな集団が、これまで考慮されてこなかった自身の要求に公的注目を集めるために、コミュニケーションの障壁を取り払い、それによって社会的自由のはたらく余地を拡大するよう努めてきた、ということだ。このような「闘争」はおそらく人間の歴史全体を貫き、今日まで続いている。と言うのも、社会的交通が拡大し、政治的ネットワークが密になる過程で、常に構成の異なる集団が、社会組織の形態、「生産諸関係」において自身の利害が考慮されないという経験を何度もせざるを得なかったからだ。そういう場合いつでも、こう

(108) Pierre-Joseph Proudhon, *Solution of the Social Problem.* この引用は以下による。Cole, *Socialist Thought*, a.a.O., S. 217.

いった集団が自身の要求に公的承認を獲得する唯一の選択肢は、すでに暗黙裡に受け入れられている規範を引き合いに出しながら社会的ルールの決定に参与する権利を勝ち取り、それによって社会的コミュニケーションの制限を除去するよう働きかけることであった。社会主義が過去を振り返り、自らもこの承認をめぐる闘争のプロセスに連なるものだと考えるなら、社会主義は自身の誕生の瞬間を、フランス革命によって規範的裏付けを得た近代の社会秩序の内部で、労働する者たちの正当な利害を満たすには、経済領域におけるコミュニケーションの障壁を取り払わなければならないと意識された時であると理解しなくてはならない。

またこの運動の誕生時、市場という私的資本主義的な機構は、まだ発展途上ではあるものの、それ以前に支配的であった種々の従属状態と不透明な他律状態から民衆すべてが等しく解放されるという利点をそなえる社会制度として捉えられていた。しかし無論、社会主義はこの瞬間にとどまることはできなかった。と言うのも、社会主義は実際、人類史を貫く社会的コミュニケーションの力を新たに生まれた近代的社会秩序内部で意識化する反省的審級たらんとしたからだ。近代の諸条件のもとで、さまざまな構成の集団が、自由、平等、連帯を約束する制度の利用を阻む新たな障壁を再三発見せざるをえなかった。そのため、社会主義はそこから生じる対決を言わばともに歩み、社会的コミュニケーションに加わりたいという当該集団の正当な要求を代弁する役割を、その都度、買って出なくてはならなかった。社会主義はその名前からして「社会的なもの」を要求する側に立っているが、この要求は近代社会において、互いのためにあるという連帯的な関係（Füreinander）のなかで自由を行使する際に、その途上に立ちはだかるあらゆる社会的障害を除去するという普遍的要求をあらわしている。この目標は、「～べきである（Sollen）」という、たんなる当為の要求以上のものである。そこにはあらゆる社会的なものの決定的な構成原理が表現されているからだ。[109]したがって、この目標が達せられない限り、このように理解された社会主義がその存在の正当性を失うことはないだろう。社会主義とは社会的なものの諸要求の代理人であり、社会主義がその任を果たすのは、ある社会でその基礎となる正当化原理が一面的に解釈され、個人の自由を隠れ蓑に私的利害のみが幅を利かし、連帯という規範的要求とくりかえし衝突する場合である。

次の章では、社会主義に関するこの拡大的理解から、その根源的な理念である社会的自由に対して生じるいくつかの帰結を論じようと思うが、その前にまず、私が「社会的なもの」の歴史的位置価の話をはさんで、触れずにいた議論の筋をもう一度取り上げておきたい。すでに見たとおり、社

（109）この点について、民主主義の理念へと切り詰められたものではあるが、以下のデューイの記述を参照。「一個の観念としてみれば、民主主義はアソシエーション的な生活の他の諸原則に対して二者択一の関係にたつものではない。それはアソシエーション的社会生活それ自体を示す観念である。それは理想ということばのもつ唯一の知的な意味において、すなわち、完璧な完成されたものと見なされる究極的な限界にまで向かって存在するがごとき事柄の傾向と動向という意味において、理想なのである」。John Dewey, *Die Öffentlichkeit und ihre Probleme*, Bodenheim 1996, S. 129〔『公衆とその諸問題』阿部齊訳、ちくま学芸文庫、二〇一四年、一八五―一八六頁〕。

会主義は、当初の法則への信仰を手放した後、経済領域内部において社会的自由を最大、最良のかたちで実現する方法として確たるものをあらかじめ持ってはいない。この方法の探求は、多種多様なアイディアの絶えざる吟味という実験的過程に委ねざるをえず、吟味の対象となるアイディアに共通する特徴はさしあたり、経済的価値の創造をもはや私的資本主義的市場の形態ではなく、協働的な互いのための活動（das kooperative Füreinandertätigsein）と言えるような制度的メカニズムを助けに組織しうるもの、という一点のみでなくてはならない。この発見のプロセスにおいては、その途上では、経済的に達成されるべき欲求充足の仕方に応じて国民経済学的行為のさまざまなモデルに注目することが有益である場合や、テストの過程で混合的な経済システムの可能性も計算に入れることが有益である場合もあるかもしれないが、こういった可能性は無条件に排除されない。そのようにさまざまな組み合わせを実験的に試してみる際に、常に指導的でなくてはならない考え方は、経済領域内部で「社会的なもの」が可能な限り強力なものとなり、あらゆる関与者が互いに補い合う活動のなかで相互的に、外からの影響や強制といった障壁なしに、それぞれの欲求を充足しうるということだ。とは言え、このような社会主義が明白に認識しなくてはならないのは、その種の実験への支持を望むことができるかどうかは、そもそも資本主義的経済システムの基本的諸特徴が変革可能であり、さらには廃棄可能ですらあることをどれほど説得的に示せるかにかかっている、ということだ。したがって、社会主義の天敵——それはマルクスの時代と変わりない——は依然としてアカデミックな教壇で流布される経済理論であり、これは二百年前からずっと、資本主義的市場が人口の増大とそれに伴う欲求の高まりという条件下で経済行為を調整する唯一の効率的な手段であるとの正当化の努力を続けている。社会主義の今日もっとも喫緊の課題の一つは、市場の概念からそれ以後付け加えられたあらゆる夾雑物を除去し、市場が道徳的負荷に耐えられるか吟味可能にすることである[110]。カール・ポラニー、アミタイ・エンツィオーニ、アルバート・ハーシュマンなどの著作家の大胆な企てがまず行わねばならなかったことは[111]、さまざまな市場をそこで交換される財に

（110）社会主義のこの継続的課題の前提は、マルクスが導きとしていたものと同一であり、この前提とは、資本主義経済はすでに支配的専門科学の理論的概念装置によって媒介されている、あるいは同時に産出されていると捉え、それら専門科学の批判をくぐり抜けることではじめて現実を問題に付すことも可能となる、と考えることだ（この点については特に以下を参照。Michael Theunissen, »Möglichkeiten des Philosophierens heute«, in: ders., *Negative Theologie der Zeit*, Frankfurt/M. 1991, S. 13-36, bes. S. 21ff.）。とは言え私の考えでは、マルクスと違い、ヘゲモニーを持った科学理論の批判はそういう意味で必須ではあるが、その際、その批判の対象は「市場」概念それ自体ではなく、市場がその内部において資本主義的特性と融合した状態でなくてはならない。

（111）Karl Polanyi, *The Great Transformation. Politische und ökonomische Ursprünge von Gesellschaften und Wirtschaftssystemen*, Frankfurt/M. 1973［『［新訳］大転換——市場社会の形成と崩壊』野口建彦、栖原学訳、東洋経済新報社、二〇〇九年］。Amitai Etzioni, *The Moral Dimension. Towards a New Economy*, New York 1988; Albert O. Hirschman, *Entwicklung, Markt, Moral. Abweichende Bemerkungen*, München/Wien 1989. この関連でエツィオーニとハーシュマンの意味について以下を参照。Axel Honneth, *Vivisektionen eines Zeitalters. Porträts zur Ideengeschichte des 20. Jahrhunderts*, Berlin 2014, Kap. 7 und 8.

よって区別し、それらの市場はきわめて不平等な生活のニーズから発するさまざまな欲求に応えているが、それぞれについて、需要と供給による匿名的な価格形成が同じ度合いで適しているかどうか吟味することだった。しかしこの最初の一歩も支配的な市場イデオロギーの脱構築にとどまることは許されなかった。なぜなら同様に、そもそも生産手段を所有しているというだけで、目的とする資本収益を手に入れることが何故に正当化できるか、という問題も解決済みとは言いがたいからだ。それゆえ、市場のはたらきでおこる資本収益の指数関数的成長は、十分に根拠づけることはできない。この点についてはフリードリヒ・カムバルテルが何年も前に、市場の正当化の根拠は資本利得と投機による利益の存在と整合しないことを示した概念的労作が参考となる。[112] 公的な経済学理論の概念装置に関するこのような哲学的考察から学ぶことができるのは、資本主義的市場の決定的正当化のために常に引き合いに出される経済効率というカテゴリーが、いかにいい加減に使用されているか、ということだ。そこでは、可能な限り収益を上げる資本の価値増殖という純粋に量的な捉え方が、社会全体の福利の向上を目指す生産性の質的理解とこっそり同一視されている。[113] 支配的経済理論のこういった脱構築すべてに共通しているのは、市場が機能するには当然、生産手段の相続可能な私的所有が必要で、それゆえ市場がうまくいくには資本主義的形態をとるほかないという深層に根差す印象を破壊しようとしている点だ。このような脱魔術化をじゅうぶんに進めれば、市場の他の一連の性質もたんなる人工的な付加物であり、それによって利益を得る側が、市場を現在のままの姿で正当化するために企てたものだと示すことができるだろう。例えば、労働市場はインセンティブをあたえるシステムだと当然のように理解されているが、心理学的には、収入が増えるという見通しが、実際に働くことの動機づけとなるか否かという問題はまったくあきらかではない。それにもかかわらず、なぜそう理解されるのか[114]。あるいは金融市場で外国為替取引による投機で利益を得ることが実体経済、したがって社会の普遍的福祉に何ら利益をもたらさないことは明白である。しかし、なぜそれは許されているのか。

こういった問いを立てることは、自己理解の変更により、いかに社会的自由の創造という規範的関心を経済領域において最良のかたちで実現するかという問題にもはや確定的な答えを持てなくなった社会主義にとって、欠くべからざる要請である。市場という制度の諸要素を確固不動で一体化したものとせず、ばらばらに分解し、諸欲求がきわめて複雑化しているという条件下で、この制度が経済行為を協働的形態で調整するのにどれほど適しているかを根本から吟味しなおす必要がある。この吟味においては、自明だからと言って、いかなるものも思考禁止の対象としてはならない。したがって相続権の疑問視、生産者からなる責任共同体の可能性などを徹底的に理論的に考察すべ

(112) Friedrich Kambartel, *Philosophie und Politische Ökonomie*, Göttingen 1998, v. a. S. 11-40.
(113) Ebd., S. 25.
(114) Vgl. John Roemer, »Ideologie, sozialer Ethos und die Finanzkrise«, in: Herzog/Honneth (Hg.), *Der Wert des Marktes*, a.a.O., S. 609-622.

きだろう。[115] とは言え、このような思考実験が修正された社会主義に役立つのは、それらの実験が経済領域における社会的自由を拡大する可能性の探索を目的とするテストだと理解できる場合に限られる。社会主義的経済の形態の究極的な状態について、原理的理由に由来する確信をすべて放棄しなくてはならないにしても、それが行き過ぎて、視野に置かれた目的の輪郭、ジョン・デューイなら「視野にある目標（end in view）」と言うであろうものが、[116] 決して失われてはならない。したがって、さまざまな制度的モデルを実験的に精査する際には、次のような規範的目的を何らかの形で目指していると思われる提案はすべて価値があり有益だと見なさねばならない。その規範的目的とは、経済的活動に従事する者を強制、保護監督、従属状態から解放し、彼らがそれぞれの役割を、あらゆる社会構成員の諸欲求を等しく充足するという、相互的にのみ果たしうる課題に自発的に寄与するものだと捉えられる状態に変える、ということである。すでに百年前、生産手段の私的所有の「国有化」ないし「社会化」の望ましさと実現可能性についての議論が執拗になされたが、[117] その時と同様、この近隣目標を追求する場合にも依然として決定的な問いがある。それは、これまで従属的に労働に携っていた者の段階的解放は、私的資本の法的没収とセットにしないと可能ではないのか、それとも現存の所有形態を維持したまま、私的支配力を意識的に脇に追いやることでも可能か、ということである。この二つのオルタナティヴ——一つは市場社会主義的なイメージ、もうひとつは基本所得の保証と民主的な統制機関を導入する下からの市場の「社会化」——については、この間、

一連の思考実験により吟味されたいくつかのモデルが存在する。[118] それらのうちどちらに決めるかは、

(115) 相続権の問題については以下を参照。Jens Beckert, *Unverdientes Vermögen. Zur Soziologie des Erbrechts*, Frankfurt/M., New York 2004; ders., »Erbschaft und Leistungsprinzip«, in: ders., *Erben in der Leistungsgesellschaft*, Frankfurt/M., New York 2013, S. 41-64. 生産者の責任共同体（Haftungsgemeinschaft）という考えについては以下を参照。Kambartel, *Philosophie und Politische Ökonomie*, a.a.O., S. 32ff.

(116) 「視野にある目的（end in view）」という考えでジョン・デューイが表現しようとしたのは、究極目的とは固定したものではなく、その途上でなされた経験によって常にあらたにその大きさが計りなおされるものであるということだ。「この場合、目的とは意図された目的〔視野にある目的——A・H〕ではなく前進した段階それぞれで常により複雑に運動させられる。この目的は、そこへ導いた諸条件の外にある終点ではない。この目的は現在の傾向の持続的で、発展した意味である。こういったものが方向を示す時に、私たちはそれを『手段』と呼ぶ。この過程が技術（芸術）であり、その産物は、どの段階で考察されようとも一個の芸術作品である」（Dewey, *Erfahrung und Natur*, a.a.O., S. 351〔『デューイ＝ミード著作集4　経験と自然』前掲、三七一頁〕）。社会主義が、目的と手段に関するこの変更された理解を、ずっと以前に我がものとしていれば、究極目的を語ることによって生じた災禍の多くを免れただろう。

(117) 以下の論文は当時の論争における諸陣営についてたいへん明瞭な概観を与えてくれる。Karl Polanyi, »Die funktionelle Theorie der Gesellschaft und das Problem der sozialistischen Rechnungslegung (Eine Erwiderung an Professor Mises und Dr. Felix Weil)«, in: ders., *Ökonomie und Gesellschaft*, Frankfurt/M. 1979, S. 81-90〔「機能的社会理論と社会主義の計算問題」、『経済の文明史』玉野井芳郎、平野健一郎編訳、ちくま学芸文庫、二〇一三、一四一—一六六頁〕（この論文を示唆してくれたクリストフ・ドイツマンに感謝する）。

(118) これらのオルタナティヴについては以下を参照。前者については、Michael Nance, »Honneth's Democratic Sittlichkeit and Market Socialism«, 未刊行の草稿（二〇一四）、John Roemer, *A Future for Socialism*, Cambridge/Mass. 1994〔『これからの社会主義

すでに述べたとおり、理論的考量だけの問題ではない。むしろ必要なのは、「最小の断絶（minimum mutilation）」の原理、[119]つまりすでに確証された実践を保持するという原則に配慮しながら、どのオルタナティヴのモデルが現実の条件下で視野にある近隣目標に私たちをもっとも近づけてくれるかをテストできるような自由の空間と社会的隙間《ニッチ》を努力して獲得することである。

歴史的実験主義の論理からすれば、さしあたり思考されただけの新たな組み合わせや構想は、現実経済の諸条件下でテストにかけられる頻度が多いほど、実践的政治的方針にとって重要性を増すことになる。それゆえ修正された社会主義は、経済領域のさらなる社会化について過去に行われた試みすべてのアーカイヴを持ち、長所・短所をもつさまざまな措置の過去の経験に関する「記憶の貯蔵庫」を保持しなくてはならない。[120]このアーカイブに保存されねばならない歴史的証言の幅は、早くからはじまった生産および消費協同組合に関する記録から、第一次大戦後の広範な領域にわたる「社会化論争」、当時ウィーンや他の都市で試みられた社会主義的住居建築の可能な限り完全な把握、そして「労働の人間化」をめぐる労働組合によるさまざまな努力に関するレポートにまでおよぶ。そのようなアーカイブに多くの記録が収集されればそれだけ、過去、どのような試みがすでに袋小路だとわかっているか、また、どれが市場の社会的改編について将来性のある方向性であるか、明らかにすることができるだろう。[121]だがそれだけでは十分ではない。このように修正された、実験的な自己理解をとる社会主義は、当然のことながら、実際に行われているさまざまなオルタナティヴな経済形態の試みを常に見渡しておく必要がある。あるいは次のような表現の方がもっと適切かもしれない。経済セクターにおける社会的自由を拡大するテストになるという確かな見込みがあれば、そのような政治的、実践的試みに対し、社会主義は常にその道徳的弁護人とならなくてはならない。現実の諸条件のもとでのそのような実験の条件を満たすような、社会的現実における経

――市場社会主義の可能性』伊藤誠訳、青木書店、一九九七年〕。また後者については以下を参照。Diane Elson, »Markt-Sozialismus oder Sozialisierung des Marktes«, in: *Prokla*, 20 (19900, 78, S. 60-106. ポスト資本主義的経済システムに関して、私が示唆したこの二種の違いは、例えばジョン・ロールズが「財産所有を認めるデモクラシー」と「リベラルな社会主義」のあいだに認めた区別と重なる（Rawls, *Gerechtigkeit als Fairneß*, a.a.O., S. 215-218〔『公正としての正義　再説』前掲、二七六―二八〇頁〕）。以下の書が概観を与えてくれる。Jon Elster und Karl Ove Moene (Hg.), *Alternatives to Capitalism*, Cambridge 1989.

（119）この原理について、全体としてきわめて価値のある以下の研究を参照。Michael Festl, *Gerechtigkeit als historischer Experimentalismus. Gerechtigkeitstheorie nach der pragmatistischen Wende der Erkenntnistheorie*, Konstanz 2015, S. 407-409. アンドレア・エッサーがある議論のなかで私に投げかけた、過去の社会主義の実験はコンテクストが歴史的に変化した今日の条件下でどうやって反証しうるのか、というきわめて困難な問題に対して、この原理は重要な手掛かりを与えている。すなわち、法治国家的形態の意志形成という正しさの確証された諸実践の毀損という結果を招いた実験は破産したといわなくてはならない。

（120）歴史的実験主義との関連での「過去の事例の百科全書」の課題については以下を参照。Michael Festl: ebd., S. 402-423.

（121）社会主義のプロジェクトにとって今日の情勢がいかに良くないかは、これらの資料がほとんどどれひとつとして良質に編集された形態で出版されていないということからも読み取ることができる。運動の盛衰は書店の出版リストから奇跡的に読み取ることができる。四―五十年前にはまだ、ローヴォルト出版社に過去のきわめて重要な証言を収めた「社会主義とアナキズム」のしっかりとした資料集が存在したが、ずいぶん以前から、入手可能な書籍のリストから消えてしまった。

済的実践は現在、一見したところよりも多い。エリック・オーリン・ライトがその著書『リアルなユートピアの予見』で説得的に示したように、[122]今日、バスクのモンドラゴン市の協同組合からカナダの労働者連帯基金にいたるまで、実験的であることを自認する社会主義の精神に適った多くの経済政策的運動を見出すことができる。

さらに、ここまでの考察から十二分に明らかなように、社会主義を産業労働者層の要求の知的表現、あるいは常に革命的であるプロレタリアートの拡声器としか見ないという態度は、ずいぶん前から誤ったものとなっている。社会主義の理論を唯一の集団に固く結びつけるこの発想は、すでに運動の始まりの時点で、客観的利害関心をもっともらしく〔労働者階級に〕負わせた結果であった。それ以後、この発想は雇用関係の構造変化と労働運動の解体によって明白に反駁された。ノスタルジックに過去を振り返って労働運動の喪失を嘆いたり、絶望しつつも運動を人工的に再生しようすることはどちらも誤りである。修正された社会主義は、その社会的な担い手は誰かという避けられない問いについても別の仕方で、つまり、より抽象度の高い次元で回答しなければならない。この社会主義がコミュニケーションを阻む従属状態や障壁からの解放という歴史横断的プロセスのなかに位置を占め、近代社会の進歩した諸条件のもとでこのプロセスをさらに進める存在だと自認するなら、自身の基本理念を体現しているのは、そのような解放の欲求をその都度の歴史的瞬間においてもっとも強力かつ明確に表現している社会運動だけだと考えてはならない。そういう運動、つまり、集団特有の要求を持つ一定期間持続的に存在している組織に固執すると、広範囲に及ぶ他律的規定と社会的排除についての正当な経験のうち、常にほんの一部分しか代表できないという欠点を招く。問題はそれだけではない。社会主義が社会的運動の道具（Organ）だと自認し、すでに明らかになっている利害の「代表」を引き受けるという考えは、同時に掲げるもう一つの目標、すなわち、無数の他者のまだまったく声になっていない諸利害の拡声器になる、という目標と矛盾する。[123] さらに、自身の理論の集合的担い手をその都度さがさなくてはならないという考えそのものに両義性があり、社会運動はほとんど先の見えない偶然の諸事情にその浮沈が左右されることを考えれば、その両義性はいっそう明白となる。そういった運動は歴史の流れのなかで現れては消えてゆくし、また最近ではその消長がメディアの注目度に左右されもする。しかしこれは、経済領域における他律的規定や地位を低める従属状態が実際にどの程度のものでなのか、ということを何も示していない。——例えば新たなサービス産業プロレタリアートは、孤立した労働状況に置かれ、あらゆる形態の公的な意志形成から排除されているため、自身の要求を共同で表明することがほとんどできない状態にある。そのため、彼らはどの社会運動にも政治的代弁者を持たないが、それでも社会主義は、

（122）Wright, *Envisioning Real Utopias*, a.a.O., bes. Kap. 7.
（123）この点についてもまた以下を参照。Festl, *Gerechtigkeit als historischer Experimentalismus*, a.a.O., S. 387ff.

彼らを自身の規範的目標設定の重要な受取人と捉えなくてはならない[124]。

以上のすべての議論は、社会主義の理想の社会的担い手をどこに見出すか、現在の所与の諸関係においてその理想をいかに体現するか、という避けて通れない問いを、過去とはまったく異なるかたちで展開するのに役立つと思われる。ヘーゲルにとっては世界史的個人、マルクス主義的社会主義ではプロレタリアート、つまり古きもののなかにありながら新しいものを意識する代表者を、現在の社会主義はそもそも、個人的ないし集合的主体という具体的な次元で求めようとしてはならない。なぜならそういう態度は、常に速度を増す転換の只中にあらわれる一過的なものや偶然的なものに、あまりにも大きな重みを与えることになるだろうからだ。それに代わって、社会的自由の拡大によって見込まれる進歩の手掛かりとなる要素が、すでに制度的獲得物、改正された法制度、また後退することがまずありえないメンタリティの変化といったかたちで沈殿している場所で、未来的なものの実際の予兆をつきとめる方が得策だろう。それまで受忍されてきた従属状態からの解放のうち、公的に認められたブレイクスルー、こういった出来事をカントは「歴史の徴《しるし》(Geschichtszeichen)」と解釈しようとしたが[125]、今日の社会主義は、どれほど多くの社会運動が登場しようが、むしろこちらの方を自身の希望の実現可能性を保証する指標とすべきだ。それゆえ反抗する主体ではなく、客観的なものとなった種々の改良策、集団の運動ではなく制度的な成果こそ、社会主義が現代社会において主張しようとする規範的要求の社会的担い手である考えるべきだろう。社会主義は、社会的な現実となったブレイクスルーのなかに、自身のヴィジョンが将来にわたって実現可能であることを示す進歩のプロセスの輪郭を発見できるに違いない。

これまでの叙述では経済領域に集中してきたが、この領域にとってこの視点の転換が意味するのは、例えば二〇世紀初頭の種々の社会立法、西ドイツの共同決定規則やさまざまな国の最低賃金規定を、たんに偶然の出来事と見るだけでなく、労働市場の社会化について苦労のすえ勝ち取られた進歩の最初の一歩と見るということだ。そしてこういった制度的ブレイクスルーを未来へと仮想的に引かれた線に沿って延長すれば、経済領域における社会的自由という目的に近づくために、直近の未来にさらにどのような措置が必要か、社会主義者は知ることができるだろう。とは言え、そういう究極状態にしても、また、その中間段階にしても、今日の視点から製図作業のように正確に確

(124) 今日のサービス産業プロレタリアートの状態については以下の二つの印象深い研究を参照。Friederike Bahl, *Lebensmodelle in der Dienstleistungsgesellschaft*, Hamburg 2014; Philipp Staab, *Macht und Herrschaft in der Servicewelt*, Hamburg 2014.

(125) カントのこの概念の歴史哲学的位置価については以下を参照。Axel Honneth, »Die Unhintergehbarkeit des Fortschritts. Kants Bestimmung des Verhältnisses von Moral und Geschichte«, in: ders., *Pathologien der Vernunft. Geschichte und Gegenwart der Kritischen Theorie*, Frankfurt/M. 2007, S. 9-27〔「後戻りできない進歩――道徳と歴史との関係についてのカントの見解」、『理性の病理――批判理論の歴史と現在』出口剛司、宮本真也、日暮雅夫、片山平二郎、長澤麻子訳、法政大学出版局、二〇一九年、五―二五頁〕

定できると考えてはならない。むしろ、常にあらためて行われる具体的な実験の結果に応じて目標と手段はたえず相互に修正される。したがって目標とする究極状態についてあらかじめ確実な知見を得ることはできない。まさにそれゆえに、社会主義が社会的自由という概念で先取りしている経済形態が、「市場社会主義的」というより他に意味のある表現の見つからない諸関係を最終的には越える可能性も、最初から無条件に排除することもできない。

とにかく、社会集団ではなく、制度的獲得物こそが社会主義の要求を現実に形にしたものだと捉えれば、ほとんどすべてが変わる。今や彼らが実験的態度のなかで獲得した知を届けるのは、特定の集団の構成員ではなく、自身の生活の基本領域における個人の自由は他の成員すべてとの連帯的な共同作業においてのみ実現しうると考えるすべての市民である。社会主義の実現可能性の保証は、そういう目標を掲げた社会運動の存在ではなく、これまで所与の状況下で社会主義の示した方向への制度的改革を引き起こした規範的な能力と威力だと考えなくてはならない。そのような社会主義は、法的改革やメンタリティの変化を捉え返し、自身の目標の片鱗が今日すでにそこに示されていると考えられれば、それだけ自身のヴィジョンが将来にも力を待ちうる、と確信できる。

とは言え、私が粗描をはじめた根本的に変革された社会主義のイメージには、いまだに裂け目がある。この裂け目は、社会主義の新たな方向性と初発の構想とのあいだにまだ相違があることを示している。以前から存在したこの分裂は、古い社会主義は、将来、市民はまったく存在しなくなると考えたため、労働者だけを自身のヴィジョンの受け手と見なしたということを想起するだけで容易に認識できる。と言うのも新たな社会システムでは、あらゆる自由は、ひとえに経済的協働組織（Kooperation）という形態で実現し、社会の構成員の生産者ではなく、まさに「市民（citoyen）」としての活動領域は不要になるとされていたからだ。少し前に、社会主義はあらゆる市民に目を向けなくてはならないと述べたが、この主張は、社会主義の初発の前提とただちには折り合いがつかない。と言うのも、私は民主主義的な意志形成に肯定的な態度をとるが、古典的社会主義のイメージでは、民主主義はそれ自体としては存在しなくなる。この困った緊張関係を除去する唯一の方法は、社会的自由の理念を経済領域だけに結びついた状態から解放することにある。ここで社会主義を古い思考の枠から解き放ち、新たな影響力を付与しようという、私の試みの第二のステップに移る。

第四章　刷新の方途（2）——民主主義的生活形式の理念

初期社会主義が、社会的自由という新たに獲得した概念を、なぜ他の社会領域にも転用しようとしなかったかは、依然として理論的な謎である。第二章で私は、この奇妙な怠慢が生じた理由を、この誕生したばかりの運動のなかにいた著作家がみな、彼らが「私的エゴイズム」と呼んだものの原因を、ひとえに資本主義的市場社会による強制された行為だと捉えたため、資本主義的市場社会の克服にあらゆる政治的努力を傾注しなければならないと考えたせいだとした。つまり、フランス革命とともに誕生した市民権、人権の解放的位置価を漠然とすら感知できずに、それを私的財産の形成を許すものとのみ捉えたため、それらの諸権利は将来の社会主義社会では完全に放棄してもよいと考えたのである。それ以来、社会主義は政治的民主主義という理念への生産的な通路を、自分自身の概念手段を用いてみずから見出すことができないという病をわずらっている。たしかに経済民主主義のためのさまざまな計画、労働評議会やそれに類した集団的自己管理の諸制度の計画は幾度も存在した。だが、それらは経済領域のみに限られた。それは、民衆の倫理的・政治的意思形成、つまり民主的な自己立法は将来まったく不要になると想定されたためだ。後に「民主主義的」という形容詞が慌て気味に付け加えられたが、初発の社会主義が持っていた先天的欠陥、一種の経済原理主義が、それで真に変更されることはなかった。と言うのも、社会的自由における経済的協働と民主的意思形成の相互関係がどういうものかは、それだけではまったく明らかにされていなかったからだ。民主主義という概念はむしろリベラルな陣営のものとされた、他の点ではすべては昔のままに捨て置かれ、結果、いかなる思想的統一性もない、どっちつかずのイメージが生じるほかなかった。[126] 自身の運動における民主主義の欠如に気づき始めた頃に、あらためて創設者世代の著作を致命的な誤解が生じる元だと思われるところまで掘り下げていれば、事態はよほど改善しただろう。そうしていれば、社会的自由という将来性のある新しい思想を、機能分化する社会というこの間に明らかとなった現実に適合させ、徐々に自立化しつつある複数の社会領域に合わせてこの思想を分化して適用できないのは、結局のところ、それ〔経済原理主義の傾向〕と関係しているということに思い至ったかもしれない。

もう一度、社会的自由の理念が理論的に誕生した瞬間に戻り、遅ればせながらこの誤りの訂正を試みよう。この概念は、事態に即してみれば、初期社会主義と若きマルクスによって彫琢されたが、それは新たなリベラル資本主義的社会秩序の正当化原理の実現過程に存在すると彼らが見た、深刻な矛盾を除去するためだった。その矛盾とはすなわち、市場に媒介された経済的交通内部では野放しの個人主義というかたちの自由が根を張り、これが生産手段を持たない階層を貧困に陥れ、同時に他方、あらゆる社会の構成員のあいだで「自由」のみならず「友愛」と「平等」が支配しているとされる状態である。この矛盾した状態から抜け出すことができるのが、社会的自由の理念であると考えられた。それは、この理念にもとづいて見出されるメカニズムないし行為図式によって、ある者の自由の実現が他者の自由の実現の前提に直接つながるようになると思われたからだ。つまり適切な制度的予防措置のもとで、個々の社会の構成員の個人の行為の目的の絡み合いが、それぞれの目的がただ相互の同意と関与のみによって強制なしに実現されるようなものになれば、友愛が自由の行使形態となり、したがって、平等なものの共同体において自由と友愛は一致することになる、と考えられたのだ。ルイ・ブランからプルードンを経てマルクスにまで至るすべての初期社会主義者は、目下の矛盾と現存する不平等を克服できるのは、互いの行為で個人が強制なしに補い合う、

(126) 反対に、「民主主義的社会主義」への転換が行われなかったところでは、概念的にきわめて不透明な「民主主義」と「社会主義／共産主義」との対立がずっと残った、ということもできる。以下はその一例である。Arthur Rosenberg, *Demokratie und Sozialismus. Zur politischen Geschichte der letzten 150 Jahre*, Frankfurt/M. 1962〔『近代政治史――民主主義と社会主義』足利末男訳、みすず書房、一九六八年〕。

そのような共同体という手本にしたがって社会が形作られる場合のみであると結論した。換言すれば、自由と友愛の対立がなくなれば同時に貧富の対立もなくなる。なぜなら、そういう社会の構成員はみな、他者を相互行為のパートナーと見なさざるをえず、誰もが自身の自由を実現するという理由から、他者に対してある程度、連帯的な思いやりを払う義務を負うからである。

しかしまさにこの点から、私が先に初期社会主義者らの理論構成における謎と呼んだものが生じる。つまり、社会的自由という豊かなモデルは、個人の自由と連帯が相補的な原理で矛盾するものではない、と考えるための鍵であることが示したが、このモデルは経済行為の領域だけで展開され、このモデルを同時に生成しつつあった社会の他の行為領域にも適用すべきか否か、検討すらされなかった。この検討の機会を逸した基本的な理由はおそらく、無際限の個人主義がもたらす災厄は、ひとえに市場という新たな経済形態において個人が法的に孤立状態にあるためだと考えられたためだが、それをひとまず脇に置くと、同じく重要な第二の理由として見えてくるのは、初期社会主義者らが共通に産業主義の精神に縛られていた、という事実だ。社会主義の創設者たちはみな、個々の社会領域の機能分化という眼前で進むプロセスを顧慮することができず、またそうしようと欲してもいなかった。なぜなら彼らはみな共通に、将来においても全社会領域の統合は産業的生産からの必要によってのみ規定される、と考えていたからだ。彼らのリベラルな先駆者たち、また彼らの知的敵対者らは、遅くとも十八世紀以後、思考と行為のうえでさまざまな社会領域が区別され、それぞれの領域が固有の法則にのみ服するものと扱われるようになったことの社会政策的帰結に取り組み始めていた。(127) すなわち、リベラリズムにおいてはすでにホッブズが、後にロックとヒュームがより明確に、「道徳性」と「合法性」を区別するとともに「社会」と「国家」という二つのサブシステムも区別しなくてはならないと認めていた。この両者はそれぞれ固有の法則性、前者は私的－個人的な法則性、後者はより公的－中立的法則性に従っているように思われたのだ。この区別と交差し、ある種の緊張関係に立つようなかたちで、純粋に私的なものの領域と公的－普遍的なものの領域とが切り離されるようになった。それは、婚姻関係、友情関係が純粋に好意の感情にもとづいて形成されるという徐々に明確になりつつあった傾向を正当に扱うためであった。最後に、立って歩きはじめたばかりの政治経済学という学問領域も、経済と国家の行為の区別という方向に精力的に進んだが、この区別は、市場に媒介された経済活動を将来的に政治の介入から切り離すという目的に役立つこととなった。(128) さらに、こういったさまざまなリベラルな分化にすでに対応しつつ、それ

(127) この点についてはニクラス・ルーマンの明快な概観を参照。Niklas Luhmann, *Die Gesellschaft der Gesellschaft*, Frankfurt/M. 1997, Kap. 4.VII S. 707-743〔『社会の社会2』〈新装版〉馬場靖雄、赤堀三郎、菅原謙、高橋徹訳、法政大学出版局、二〇一七年、第四章〕。さらに、たいへん良質な問題の素描として以下を参照。Hartmann Tyrell, »Anfragen an die Theorie der gesellschaftlichen Differenzierung«, in: *Zeitschrift für Soziologie*, 7/2 1978, S. 175-193.

(128) 初期リベラリズムにおけるこれらの分化に関する提案全般については以下を参照。Stephen Holmes, »Differenzierung und Arbeitsteilung im Denken des Liberalismus«, in: Niklas Luhmann (Hg.), *Soziale Differenzierung*, Opladen 1985, S. 9-41.

らを体系的にまとめるかたちで、ヘーゲルはその法哲学において、さまざまな行為領域をそれぞれの特殊な課題に即して区別する方法を提供した。それによれば、法は包括的媒体として全社会構成員の私的自律の確保という機能を担う。家族は社会化と自然的諸欲求の充足をはかり、市場社会は生存手段の十分な確保を保障し、最後に国家が全体の倫理的－政治的統合を行う[129]。初期社会主義においては、この分離と境界設定は、資本主義経済の明白な優位が否認されているため、度が過ぎているという考えが支配的であっただろうが、それにしても、機能分化という想定が投げかける理論的課題を少なくとも真面目に考えてみるべきであった。しかし、彼らはそのかわり、リベラルとリベラル以後の考察にまったくの無理解を示すか、マルクスのヘーゲル国法論に関する有名な批判のような、わずかな考察で問題を脇へ押しやってしまった[130]。

より正確に見ると、初期社会主義者らの手抜かりは、機能分化の増大というすでに存在していた現状診断の経験的次元と規範的次元を十分に区別しなかった点にある。それをしていれば、所与の諸関係に目を向けて、次のような正当な異議を唱えられただろう。例えば国家の行為と私的な関係がシステム的に自立したと言ってもそれはまだ十分ではなく、二つの領域の出来事は依然として主要には経済的な命令に服している、しかし、同時に未来に目を向ければ、さまざまな領域が機能的独立性を持つことが望ましいという点については大いに賛成できる、というかたちの異議である[131]。しかし、まさにこの二つの次元が区別されなかったため、思いがけず、経験的な記述から規範的な主張への横滑りがおこったのだ。近代以前の社会理論同様――サン＝シモンにおいてはまだ明確で、マルクスにもその傾向は明らかに少なからず存在する――社会の機能は今もなお統御する中心から垂直的にはたらくと考えられ、ただ目下のところ、その地位はもはや国家ではなく経済によって占められるようになった、と把握されていた。それに対して、当時の資本主義的諸関係は、それぞれ独自の道を進もうとする行為領域に、リベラリズムの代表的理論家たちが認めたような固有の社会的法則性がはたらく余地を与えていないというかたちでその諸関係を批判する方が、どれほど賢明で社会理論的に正当であっただろう。そういう視点に立っていれば、機能分化の傾向を是認しつつ、そのうえで、例えば愛と民主主義的政治は経済システムの命令から除外されるべきだと主張できたし、他方で、そういった諸領域の分化が所与の経済的条件下で実際に実現される可能性についてきわめて懐疑的な立場を維持することもできただろう。だが、こういう道――機能分化を社会的事実

(129) G. W. F. Hegel, Grundlinien der Philosophie des Rechts [1820/21], Frankfurt/M. 2004〔『法の哲学（上・下）』、上妻精、山田忠彰、佐藤康邦、岩波書店、二〇〇〇、二〇〇一年〕。

(130) Karl Marx, »Zur Kritik der Hegelschen Rechtsphilosophie. Kritik des Hegelschen Staatsrechts (§§ 261-313)«, in: ders./Engels, *Werke (MEW)*, Bd. 1, a.a.O., S. 201-336.〔「ヘーゲル法哲学の批判から　ヘーゲル国法論（第二六一節―第三一三節）の批判」真下信一訳、『マルクス＝エンゲルス全集1』、大月書店、一九五九年、二三一―三七二頁〕

(131) ニコラス・ルーマンの立場に対するこの種の把握については以下を参照。Uwe Schimank/Ute Volkmann, »Ökonomisierung der Gesellschaft«, in: Andrea Maurer (Hg.), *Handbuch der Wirtschaftssoziologie*, Wiesbaden 2008, S. 382-393.

としてではなく、課題として捉えること――を進むことができなかった結果、社会主義は、リベラリズムの伝統に対して最初から微妙な位置に置かれることになった。もともとリベラリズムの伝統は――おそらくアダム・スミスやマックス・ヴェーバーのような思想家を除いて――固有の社会理論を持っていなかったが、社会主義的なライバルよりも社会学的な説明力に秀でているという印象が生じることが常にあった。その理由はひとえに、社会主義が機能分化という事態にまったく注意をはらわなかったという点にある。

また初期社会主義者たちのこの根深い無能力は、彼らの全般的な「法・権利への盲目性」というべき事態がどのように生じたかを説明するのにも役立つ。洗礼を受けたばかりの普遍的市民権は、領域分化が度外視された結果、その権利のうち、先にも述べた経済という統御の中心にとって機能的意味を持つ部分のみに注意が向けられ、その権利の持つ意味性が政治的意思形成というまったく別の領域でどれほど解放的な役割を果たしうるか、という点がまったく度外視されてしまった[132]。その結果、リベラルな基本権の制度化がコミュニケーションの障壁からの解放に資するポテンシャルが、初期社会主義者にはまったく見えなかった。もしそのことに気づいていれば、社会的自由という自前の概念を利用して、ルソーの言うように、集合的意思形成の過程にこの新たな権利が根差すことを明らかにできただろう。換言すると、『社会契約論』にまでさかのぼる革命を基礎づける幾多の記録が物語るように、今後、正当性を持ち、個人が従うべきだと言える普遍的な法・権利とは、原理的に関係者のすべてが同意できるものだけだとすれば、これを実現するには、個々人が一人だけでばらばらに考えるのではなく、万人が意見を相互に補い合いながら協議、検討するプロセスが必要となる。[133] もしも初期社会主義者が、社会的自由という自身の概念を、この政治的行為の新たな形態にも有益なものとすることを意識していれば、宣言されたばかりの基本権は、そのような公的な自己立法に関する手続きの前提であると容易に理解できただろう。それができていれば、個人の自由権のうち確立済みのものを、議論と投票という集合的活動に誰もが強制なく参加することを原理的に可能とする諸条件をつくりだす最初のステップだと理解できただろう。と言うのも明らかにこの集合的活動は、自己と他者が互いに補い合うという、集合的経済行為における欲求充足と同一の形態を持っているからだ——社会的自由の理念をこのように拡大すれば、民主主義的な意思形成は一種のコミュニケーション的行為であり、それが強制なく実行されることで、すべての参加者が少なくとも基本権として認められた思想信条の自由を行使できるようになるということを見通すことができただろう。しかし社会主義はリベラルな基本権をこのようなかたちで自身の思想に取り

(132) 以下を参照。Jürgen Habermas, *Faktizität und Geltung. Beiträge zur Diskurstheorie des Rechts und des demokratischen Rechtsstaats*, Frankfurt/M. 1992, Kap. III〔『事実性と妥当性——法と民主的法治国家の討議理論にかんする研究（上）』河上倫逸、耳野健二訳、未來社、二〇〇二年、第三章〕。
(133) Ebd., Kap. IV〔同上、第四章〕。

込むことはできなかった。それは民主主義的な意思形成という意味での政治的行為に独立の役割が与えられなかったからだ。むしろ、ほとんどの社会主義者の考えでは、そもそも公的な立法が必要となるような事柄はすべて、将来、生産者がその労働活動を協働的に統制するなかで処理できるはずであった。

また最後に、基本権の民主主義的意味に対する驚くべき無見識は、社会主義者が長いあいだ、リベラルな共和主義者のラディカルな一翼と、体系的根拠にもとづく連合を結べなかった理由の説明になる。[134] この運動もやはり、フランス革命のまだ果たされていない約束をその指導原理の解釈替えによって実現しようとする試みであった。ただ、その再解釈の糸口は経済領域の欠陥ではなく、新たな国家組織の政治的基本体制の欠陥であった。ラディカルな共和主義がその根本的な欠陥と見なしたのは、政治的立法において民衆の意思が十分に顧慮されていないことであり、革命後の時期における種々の改革の努力のうち最上の目標は、平等主義の名のもと、あらゆる国民が同等の権利にもとづいて立法手続きという集合的意思形成への参画を獲得することであった。この要求の一覧から容易に認識できるのは、異なる場所に異なる重点を置きつつも、すでに制度化した自由をむしろ平等主義的な互いのために あること (Füreinander) と強制なき協働という意味に理解し、人民主権の原理にさらに必要な性格として民主主義的協議の手続きを加えよ、と主張されていることである――ユリウス・フレーベルのようなドイツの共和主義者、あるいは少し後のレオン・ガンベッタのようなフランスの共和主義的民主主義者がこういう表現をみずから用いていたわけではないが、社会的自由の理念を民主主義的意思形成の領域で実り豊かなものにしようとの努力は、彼らの著作からはっきり読み取ることができる。[135]

近代社会の機能分化を規範的事実として受け入れられなかったという初期社会主義の欠点は、もう一つの領域にも少なからず不利に作用している。たしかに社会的自由の理念は、当初は経済行為

(134) この問題群については以下を参照。Wolfgang Mager, »Republik«, in: *Geschichtliche Grundbegriffe. Historisches Lexikon zur politisch-sozialen Sprache in Deutschland,* Bd. 5, a.a.O, S. 549-651, hier: S. 639-648. ドイツの労働運動における共和主義に対する関係についての議論に関するこの章中の項で、マルクス(»Randglossen zum Programm der deutschen Arbeiterpartei« [1875], in: ders./Friedrich Engels, *Werke [MEW]*, Bd. 19, Berlin 1962, S. 15-32, hier: S. 29〔「ドイツ労働者党綱領評注」、『ゴータ綱領批判』山辺健太郎訳、『マルクス＝エンゲルス全集19』、大月書店、一九六八年、一五―三二頁、ここでは二九―三〇頁〕)も、エンゲルス(»Zur Kritik des sozialdemokratischen Programmentwurfs« [1891], in: Karl Marx/ders., *Werke [MEW]*, Bd. 22, Berlin 1963, S. 225-240, hier: S. 235「一八九一年の社会民主党綱領草案の批判」村田陽一訳、『マルクス＝エンゲルス全集22』、大月書店、一九七一年、二三三―二四六頁、ここでは二四一頁〕)も、民主主義的共和主義という目標に、純粋に戦術的観点から同意していたことがあった、との言及がある。さらに社会主義者の急進的共和主義に対するきわめて問題含みの関係が以下で扱われている。Robert Wuthnow, *Communities of Discourse*, a.a.O., S. 367ff.

(135) ユリウス・フレーベルについては以下を参照。Jürgen Habermas, »Volkssouveränität als Verfahren«, in: ders., *Faktizität und Geltung,* a.a.O., S. 600-631, hier: S. 613ff.〔「手続きとしての国民主権」『事実性と妥当性(下)』前掲、二〇〇三年、二四一―二七一頁、ここでは二五三頁以下〕。レオン・ガンベッタについては以下を参照。Daniel Mollenhauer, *Auf der Suche nach der ›wahren Republik‹. Die französischen ›radicaux‹ in der frühen Dritten Republik (1870-1890)*, bes. Kap. 3, 4 und 5.

の組織の改編という目的のためだけに形成されたが、やはり、政治的行為領域と同様、私的領域つまり婚姻と家族という社会領域も、この理念の適用領域でありえただろう。ほとんどすべての黎明期の社会主義者は、市民権そのものを改変、拡大するのでなくすべて放棄しようとしたが、それとは異なり、従来の家族関係についてはいに解放の必要性をみとめていた。なぜなら、そこでは女性が男性の下位に置かれ、男性に依存する構成員として扱われていたからだ。この点についての不名誉な例外はプルードンで、彼は当時の家父長的家族を高く評価し、子の養育と家事労働以外の役割を女性に認めようとしなかった。[136] しかし、すでにサン゠シモン主義者らは、結婚と家族における男性の伝統的支配を克服する制度的解決策を模索し、[137] 半世紀後にはフリードリヒ・エンゲルスが「家族の起源」に関する有名な研究を公刊する。彼は私有財産に対する支配権が人格的諸関係における男性の権力の源泉であるとした。[138] しかし十九世紀に女性運動に肩入れした社会主義的著作家のうち、人格的諸関係における強制なき状態と平等な権利付与の諸条件を、革命を経た生産諸関係の構想と似かよったモデルを手がかりに規定しようと考えた者はいなかった。社会的自由という概念全体が、まず愛というわかりやすい見本から獲得され、そこから社会的労働関係に適用されたことは明らかである。だが、まさに生まれたばかりの女性運動の重要性を認めながらも、この愛という概念を逆に結婚と家族の解放というプロジェクトのために役立てようという努力はまったくなされなかった。この点でもまた、そう努力する方が正しい道であっただろう。なぜなら、愛と思いやりにもとづく関係のすべてが、近代の始まり以後、次のような規範的理念に依拠しているからである。その理念とはすなわち、構成員は各自の自己実現を共同で可能とするために互いに補い合うべきであり、したがって、それぞれの成員が他の成員にとっての自由の条件であるべきだというものだ[139]。つまり社会的自由という自身の理念を、感情にもとづく社会関係という特殊性に合わせて調整し、その構成員が各自の人生設計で互いを強制なく補い合えるようにするために、結婚と家族を支配するべき諸条件の規範的原型としても位置付けることに、たいした労力はかからなかったはずだ。しかし初期社会主義者たちがこの道を進まず、社会的自由という自身のもともとのヴィジョンから、

(136) 特に没後刊行された論争的著作を参照。Pierre-Joseph Proudhon, *La Pornocratie, ou Les femmes dans les temps modernes*, Paris 1875.

(137) 女性の解放という目標のためのサン＝シモン主義の活性化との関連で、バルテルミー・プロスペル・アンファンタンの果たした役割について以下を参照。Salomon-Delatours »Einführung«, in: ders. (Hg.), *Die Lehre Saint-Simons*, a.a.O., S. 9-31, bes. S. 20ff.

(138) Friedrich Engels, »Der Ursprung der Familie, des Privateigentums und des Staats«, in: Karl Marx/ders., *Werke (MEW)*, Bd. 21, Berlin 1962, S. 25-173〔「家族・私有財産・国家の起原」村田陽一訳、『マルクス＝エンゲルス全集21』、大月書店、一九七一年、二五―一七八頁〕。このエンゲルスの著作、特にそこに含まれる「経済一元論」に対する批判として以下を参照。Simone de Beauvoir, *Das andere Geschlecht. Sitte und Sexus der Frau*, Reinbek bei Hamburg 1968, s. 62-68〔『決定版 第二の性 ①事実と神話』井上たか子、木村信子監訳、新潮社、一九九七年、八〇―八八頁〕。

(139) この点について以下を参照。Honneth, *Das Recht der Freiheit*, a.a.O. Kap. C.III.1.

より多くの未来を指し示す洞察を引き出す機会をみすみす逃した原因は、ここでもまた、彼らが近代社会の機能分化についてそのほんの端緒すら理解していなかった、という点に求めなくてはならない。彼らは家族関係の未来の姿について何か語ろうとする時、決まって出発点を生産諸関係に置いた。つまり労働諸関係における家族の役割だけに注目し、家族を社会的自由が特殊なかたちで実現されるべき固有の領域であると見なかった。(140)

したがって、この点についての誤りは、リベラルな自由権への生産的関わりを不可能にした誤りと明らかに同じものだ。私的諸関係の規範的固有性に思い至らず、そこに経済過程の補完機能を見るだけで、つまり、全体として経済一元論でやっていけると考えたため、愛、結婚、家族という行為領域の改善のために独自の自由論を展開しようと思わなかったのだ。生成途上の女性運動と肩を組むために社会主義が主張できたことは、これもまた経済政策の枠組みのものでしかなく、未来に創造される協働的生産諸関係に女性を引き入れることで家父長の呪縛から解放するというものだった。(141)社会主義的労働運動と萌芽期のフェミニズムはさまざまなかたちで互いに歩み寄ろうとしたものの、両者のかなりギクシャクした不幸な関係は何十年も続いた。女性の解放のためには、参政権の平等や労働市場における対策にとどまらない、根本的な文化的転換が必要であることが徐々に意識されるようになった。その転換とは、既成の社会化の諸条件をまず見直し、押し付けられた性別のステレオタイプからの解放によって自身の固有の声をまず見出すということだ。しかし労働運動の諸潮流においては、経済領域の決定的優位性がやみくもに固守されたため、こういう発想への感受性が発展することはまったくなかった。[142] もしも社会主義者らが近代社会の機能分化を考慮し、個人的諸関係の領域を社会的自由の固有の領域として解釈する努力をしていたら、フェミニズムとの関係はどんなに違ったものになり、両者の運動の関係は当初からどんなに違ったものになっていただろう。もしそうなっていたら、この規範的基準——相互的な愛にもとづく社会的結びつきにおいても強制なく、自由に一緒にそして互いのためにあること（Mit- und Füreinander）——によって、社会主義者は以下の事実をすぐに認識していただろう。その事実とは、女性の抑圧は感情に満たされた

（140）十九世紀後半における労働運動と女性運動の不幸な関係について、以下を参照。*Ute Gerhard, Frauenbewegung und Feminismus. Eine Geschichte seit 1789*, München 2009, S. 57-59. 以下も参照。Mechthild Merfeld, *Die Emanzipation der Frau in der sozialistischen Theorie und Praxis*, Reinbek bei Hamburg 1972, Teil 2.

（141）この問題についての啓発的なまとめとして以下を参照。Antje Schrupp, »Feministischer Sozialismus? Gleichheit und Differenz in der Geschichte des Sozialismus«, (http://www.antjeschrupp.de/feministischer-sozialismus/), 最終閲覧二〇一五年七月一日。

（142）従来の結婚、家族関係からの女性の解放のためには、まったく固有の自由の意味論が必要となるという考えにもっとも接近しているのは、依然としてアウグスト・ベーベルの古典となった以下の著作である。August Bebel, *Die Frau und der Sozialismus* [1879], Berlin 1946〔『改訳　婦人論（上・下）』草間平作訳、（上）一九七一年、（下）一九五五年、岩波文庫〕。とは言え、「ブルジョア的結婚」を「ブルジョア的所有関係の結果」と捉え（ebd., S. 519〔同上（下）二二二頁〕）、家族内の社会化の関係を扱わずに、生産諸条件の社会化に視点が制限される傾向（同上、第二八章参照）は、彼にもまだ見られる。

家族関係というこの領域からすでに始まっており、そこでは、陰に陽に暴力的な脅迫によって、女らしさのイメージと役割のステレオタイプが女性に押し付けられ、それよって固有の感受性、希望、関心を求める機会が女性から奪われている、ということである。つまり問題は、女性が同等の権利で経済領域に参加することより、まず女性が男性による押し付けから自由に、自分自身で自己像を描けるよう援助することだった。それゆえ愛、結婚、家族の領域において社会的自由のための諸条件を獲得する闘争はまず、この男性権力の温床内での経済的従属、暴力にもとづくパターナリズム、特定の活動の一方的押し付けから女性を解放することを喫緊の課題とすべきであった。それによってはじめて、女性は、相互性にもとづく関係における同権的なパートナーとなりえただろう。そしてこのような強制のない互恵的思いやりが可能となる条件下ではじめて、男女双方が、それぞれの他者の感情的支えにより、自己の真の表現だと思えるような欲求や希望を明瞭に意識できるようになっただろう。

しかし社会主義はこの道、つまり、個人的諸関係にも社会的自由の概念を援用し、女性の生活状態の改善策のために固有の基準をつくるという道を採らなかった。社会主義は、共和主義的目標の理性的内実に対して示したのと同じ無見識を、当時声高になりつつあった女性運動の異議申し立てにも示した。同権とはまずもって真に女性的な経験を強制なく表明しうるための不可欠な前提をつくりだすことでなくてはならないという、女性運動のこの異議申し立ては、周知のとおり、一世紀後に「差異」という闘争概念にまとめられることになった。[143] これら二つの運動の規範的位置価を正しく評価する能力がなかったという点にまたしてもごく明瞭に示されているのは、社会主義の社会理論の地平が実際、当初よりいかに狭いものであったかということだ。経済行為以外の領域でも社会的自由の実現のために戦うことの意味を見出せなかったため、「左派」共和主義についても、徐々にラディカル化したフェミニズムについても、その要求を経済政策に限定された自身の目標設定に組み入れることができないと、完全に無視するか、階級への「ブルジョア的」背信だと非難するという態度しかとれなかった。そして二〇世紀に二つの運動が強力になり、無視できなくなると、結局、「主要矛盾と副次的矛盾」という不幸な言い回しを導入し、不透明となった状況のなかで支配的地位を得ようとした。だがこれは、経済決定論という産業主義的遺産への固執を、あらためて露わにしただけであった。[144] とは言え、機能分化への感覚の不足を遅ればせながら訂正し、社会主義を刷新しようという試みは、一見する印象以上にきわめて困難な企てである。と言うのも、さまざまな行為領域はそれぞれ自立した規範に従う固有の意味を持つという考えと経済「中心」主義を置き

(143) 有益で社会理論的に適用可能な概念整理として、以下を参照。Kristina Schulz, *Der lange Atem der Provokation. Die Frauenbewegung in der Bundesrepublik und in Frankreich 1968-1976*, Frankfurt/M., New York 2002, Kap. V. 2.

(144) この問題だらけの区別の歴史については以下を参照。Wolfgang Fritz Haug/Isabel Monal, »Grundwiderspruch, Haupt-/Nebenwiderspruch«, in: Wolfgang Fritz Haug (Hg.), *Historisch-kritisches Wörterbuch des Marxismus*, Bd. 5, Hamburg 2001, S. 1040-1050.

換えるだけで話は済まないからだ。社会主義が政治的モチベーションを与える、未来志向の企てであるためには、同時に、規範的に分化した諸領域が将来、それぞれどう関係し合うべきかという点についても考える必要がある。

この問題にすぐに向かう前にまず、古典的社会主義において支配的だった、領域分化を捉える能力の欠如について、もう一度、これまで得た結論を一瞥しておこう。出発点となったのは次の見立てである。社会主義運動の初期の代表的人物のうち、経済行為以外の領域、社会の再生産の他の課題を担う領域において社会的自由の理念を実りあるものにしようとした者は誰もいなかった。つまり、資本主義経済を規範的観点から考察するだけで、社会の構成員がより強力に連合する方向への改革の可能性を考えはしたものの、他の再生産領域もそのような社会的自由の実現という観点から考察すべきではないか、とは考えもしなかった。次に確認したのは、この怠慢の原因は、近代社会が機能分化の過程を徐々に歩んでいるということを意識した者が初期社会主義者には誰もいなかったという点にある、ということだ。つまり、彼らは産業主義の精神にまったく囚われていたため、将来においてもあらゆる出来事は産業的生産の成り行きに規定されると確信し、社会のさまざまな行為領域に固有の法則性が経験的に存在するか否か、あるいはその法則性は原理的にのぞましいものか否か、という問いに取り組もうとしなかった。そもそも機能分化の過程を考察の対象としなかったこと、これはまた、社会主義者が他の行為領域の規範的解明に、社会的自由という自身の理念を役立てようとしなかったことの説明にもなる。つまり、そのような部分システムにおける出来事は、常に経済的な原理と方向性に規定されているので、部分システムは固有で自立的な機能的論理をまったく持ちえないとされ、それゆえ、部分システムに特有な社会的自由の実現形態を探求する必要もなかったのだ。(145)

社会主義の理論構成におけるこの誤った歩みを取り消すには、なぜ他の重要な社会領域がそれぞれ固有の社会的自由の形態を必要とするのかという根拠を説得的に示す必要がある。しかし、それだけでなく、社会主義がよりよき生活形式に関するヴィジョンを今後も持ち続けられるためにはさらに、社会的自由のそれぞれ固有の領域が将来、どうすれば適切に相互作用し合えるかを示す必要がある。この二つの課題のうちの一つめは、従来の社会主義の怠慢に対する批判のなかでその解決

(145) 機能分化に対する無理解が、社会主義の致命的な負の遺産として今日までいかに影響を及ぼし続けているかは、ジェラルド・コーエンが示した社会理論的な素朴さからも容易に看取できる。彼は二〇〇九年に社会主義社会のヴィジョンを示したが、その際、それぞれ固有の論理をもつ行為領域の分化について言及すらせず、その代わりに、未来社会のモデルの範型として、それぞれ特殊な規則にしたがって組織されているはずのさまざまな課題領域のあいだに確固たる境界が引かれていないような時代が取り上げられている。Gerald A. Cohen, *Sozialismus – warum nicht?*, München 2010. この点で、機能分化の必然性の擁護者あるエミール・デュルケムの、社会生活はいかなる「軍隊生活」でもありえない、という簡潔な一文がいかに適切であることか。Emile Durkheim, Erziehung, *Moral und Gesellschaft. Vorlesung an der Sorbonne 1902/1903*, Darmstadt 1973, S. 200〔『道徳教育論』麻生誠、山村健訳、講談社学術文庫、二〇一〇年、二七一頁〕。

策をすでに示した。それは民主主義的行為と個人的な社会関係が持つ固有の規範的意義を認識することである。つまり、参加者の従うべき根本規則が、それぞれの領域のメンバーが自身の行為の成果を、「私たち」という視点に立ち、相互補完的であると理解できなくてはならない、そう理解できるなら、その規則が支配しているのは社会的自由を基盤とした領域であると推測できる。このような拡張した見方をとれば、経済行為システムのみならず、個人的関係と民主的意思形成という他の二つの行為領域もまた、その関与者がそれぞれのはたらきを、密接に関係し合い、補い合うものとして、強制なしに解釈できる場合にのみ、望まれた成果を上げられる社会システムだと捉えられる。つまり愛、結婚、家族の領域で言えば、互いのためにあること（Füreinander）という約束が果たされるのは、あらゆる構成員が実際に持っている欲求と関心を妨害なしに表明でき、また、それを他者の助けによって実現できる場合であり、そういう繋がりがその領域に見出される場合である。また、民主主義的意思形成の領域で言えば、参加者がそれぞれの個人的な意見表明を、普遍的な意思形成という共同的プロジェクトのために相互に補完し合うはたらきとだと捉えられる場合である(146)。どちらの領域も、経済システムと同様、リベラルなイメージに従って、ただ私的で個人的な意図を実現する機会を主体に与える社会的サブシステムだと捉えると、人間のさまざまな繋がりや相互的な義務関係は潜在的に〔他者の自由を〕脅かすものと捉えるほかなくなる(147)。これは誤りであり、誤解を生むことになる。これとは反対に、修正された社会主義が出発点とするのは、この三つすべてが、強制なしに互いのためにあること（Füreinander）の諸条件が支配する領域、つまり社会的自由の諸関係が支配する行為領域でなくてはならないという認識である。[148] したがって社会主義は経済領域における他律と疎外された労働を除去するだけでは満足できない。近代社会はまだ真の意味で社会的（*sozial*）になっておらず、個人的関係と民主的意思形成という他の二つの領域においても強制、干渉、強要の克服は果たされていないと、この社会主義は理解する。

（146）この問題をさらに論じたものとして以下を参照。Axel Honneth, »Drei, nicht zwei Begriffe der Freiheit. Ein Vorschlag zur Erweiterung unseres moralischen Selbstverständnisses«, in: Olivia Mitscherlich-Schönherr/Matthias Schloßberger (Hg.), *Die Unergründlichkeit der menschlichen Natur*, Berlin 2015.

（147）先に行った、支配的経済理論の批判が社会主義の持続的課題であることの根拠づけの延長として明らかとなることだが（注109参照）、社会主義はもちろん、個人的関係と政治的意思形成という他の二領域の社会的現実をともに生産している支配的理論装置の批判も、常に同時に行わなくてはならない。それは例えば家族のリベラルな標準モデルや、消極的自由に根差す民主主義理論だ。機能分化の（規範的）事実を、ここで略述したような、ヘーゲルに強く方向づけられた意味で受け入れるなら、政治経済学の批判で満足してはならず、他の重要な二領域を扱いながら、その概念装置でその領域に常に影響を与えてきたヘゲモニーを有する知の領域への批判も、同時に行う必要がある。

（148）この重要な領域の三分法についてはヘーゲルとデュルケムが一致しているだけではない（デュルケムについては以下を参照。Durkheim, *Physik der Sitten und der Moral. Vorlesungen zur Soziologie der Moral*, Frankfurt/M. 1999〔『社会学講義——習俗と法の物理学』宮島喬、川喜多喬訳、みすず書房、一九七四年〕）。これはジョン・ロールズが自身の正義理論の主要な対象とした社会の「基本構造」について行った区分とも一致する。Rawls, *Gerechtigkeit als Fairneß*, a.a.O., S. 32〔『公正としての正義再説』前掲、一八頁以下〕。

以上で、なぜ刷新された社会主義がその規範的指導概念を分化させ、これまで等閑視されがちであった社会領域にこの概念を適用すべきか、という問いへの最初のスケッチを行った。とは言え、これだけでは、よりよい生活形式に関するこれまでの古い、結局のところ経済的改革に限られていたヴィジョンを、新しい、より複雑なヴィジョンと置き換えるにはまだ十分ではない。と言うのも、現在分化している部分システムがそれぞれより長所を発揮し、社会的自由の成長を許す状態を考えるだけでなく、これらの部分システムが正しく適切に相互作用するイメージを構想することが内容的に求められるからだ。社会主義が伝統的な要求を見捨てることなく、社会主義の担い手となる歴史的諸勢力に、将来の生活形式について明確な輪郭を描き、それを実験的に実現する意欲を持たせようとするならば、社会主義は、現在受け入れられている機能分化を前提としたうえで、社会的自由の諸領域が将来、相互に調和する形態について、何がしか語らなくてはならない。

この難所で私たちの助けとなりうるのは、すでにヘーゲルに明白に見られ、マルクスの思考にもかすかに残存している直観である。ヘーゲルの社会哲学のなかで、彼が機能的観点から区別した社会諸領域の構成をどう捉えていたかを探ると、必ず、生きた有機体というイメージを拠りどころとしていることに突き当たる。ヘーゲルは、近代社会の分業構造を総括的に記述する際には常に、あらゆる部分システムが有機的全体の維持という目的に向けて相互作用するというイメージに依拠しているように思われる。つまり、社会の諸領域の相互関係は、あたかも一つの身体のさまざまな器官のように、それぞれ固有の規範に従ってその機能を果たしつつ、それが全体として、社会の再生産という上位の目的に役立つようになっている、とされる。そのような分業されたプロセスの内的合目的性、つまり諸部分は独立に作用しながらも上位の全体が機能するようひそかに調整されているという考えは一見、神秘的に見えるかもしれないが、これは生きた有機体の諸特性を社会的実在に当てはめた結果だと考えれば、すぐに納得できる。[149] このような有機体モデルを過去と現在の社会について経験的に適用できるのかという問いについては、さまざまな異論がありうるだろう。[150] だがその点を度外視すれば、このモデルは規範的考察の糸口となりうる。つまり、社会の基本体制が健全でよく整っていれば、さまざまな部分システムは分業しながら相互依存し、有機体という手本のように、社会の再生産という上位の目的を障害なく実現することを保障するものとなっているはずだろ

---

(149) ヘーゲルの法哲学における有機体概念の使用に関する最良の研究として以下を参照。Michael Wolff, »Hegels staatstheoretischer Organizismus: Zum Begriff und zur Methode der Hegelschen ›Staatswissenschaft‹«, in: *Hegel-Studien*, 19 (1985), S. 147-177. この論文では、マルクスが、ヘーゲル国家論のこの方法論的要素を、どれほど肯定的に受け継ぎ、自身の方法にとって有意義なものとしたかも示されている：ebd., S. 149f. ドイツ観念論における有機体のイメージの使用の概説として以下を参照。Ernst-Wolfgang Böckenförde, »Organ, Organismus, Organisation, politischer Körper«, in: *Geschichtliche Grundbegriffe. Historisches Lexikon zur politisch-sozialen Sprache in Deutschland*, Bd. 4, a.a.O., S. 519-622, hier: S. 579-586.

(150) 有機体のアナロジーを体系的に使用したデュルケムに関して以下を参照。Hartmann Tyrell, »Emile Durkheim - Das Dilemma der organischen Solidarität«, in: Luhmann (Hg.), *Soziale Differenzierung*, a.a.O., S. 181-250.

う。マルクスはこのような考えを常に念頭に置きながら、生産力と生産関係の「不適合」な関係が繰り返されてきたことを、これまでのすべての歴史の欠陥として告発したように思われる。[151]と言うのも、この種の危機診断、つまり二つの部分システムの関係の不具合が常に再生産されてきたという所見は、逆に、将来の危機のない状態ではさまざまな機能領域が「有機的」に相互作用するという把握を前提にしているからだ。[152]

有機体とのアナロジーをこのような規範的な意味において理解すれば、三つの自由の領域の関係をいかに適切に規定するかという、前述の問いに答えるための導きの糸となる。すでに示したとおり、刷新された社会主義は、古典的社会理論がすでに区別していた部分システム、すなわち個人的諸関係、経済行為、民主主義的意思形成のそれぞれについて、社会的自由のポテンシャルを見出せるものでなくてはならない。ただし、そのポテンシャルの実現は将来、実験的試行錯誤によってはじめて果たされるべきものだ。またそれにとどまらず、刷新された社会主義は、これらの領域が将来取り結ぶ相互依存関係についてのイメージを、大まかなものであれ、持つ必要がある。この問題の解決に、すでにヘーゲルとマルクスがそう考えたように、有機体とのアナロジーを利用すれば、分割された全体の内的合目的性が目指すべき諸領域の相互関係だと捉えられることはあきらかだ。つまり、将来の可能性としての三つの自由の領域の関係のあり方は、それぞれが可能な限りそれぞれの規範に従い、強制なく相互作用することで、社会全体の包括的な統一を恒常的に再生産するというものだろう。独立した自由の領域の合目的な相互作用として固められたこのイメージは、また、民主主義的生活形式の本質であるとも言える。このイメージには、主体が個人的、経済的、政治的関係における実践的な互いのための存在（Füreinander）として協調し、全体として共同体の維持のために必要な課題の克服に寄与する社会的共同生活を営むという、これから実験的に具体化すべき形式的構造が先取りされている。この場合、「民主主義」とは、政治的意思形成の手続きに同等の権利をもって強制なく参加できるということを意味するだけではない。民主主義は次のような生活形式全体として理解される。つまり、個人と社会を媒介するどの中心地点においても平等な参加という経験がなされ、機能的に特殊化したどの領域をとっても、そこに民主主義的参画という普遍的構

（151）マルクスの『経済学批判』の「序言」での有名な定式化ではこう言われている。すなわち「社会の物質的生産諸力は、その発展のある段階で、それらがそれまでその内部で運動してきた既存の生産諸関係と、あるいはその法的表現にすぎない所有諸関係と矛盾するようになる。これらの諸関係は、生産諸力の発展諸形態からその桎梏に一変する。そのときに社会革命の時期がはじまる。経済的基礎の変化とともに、巨大な上部構造全体が、あるいは徐々に、あるいは急激にくつがえる」（Karl Marx, *Zur Kritik der Politischen Ökonomie* [1859], in: ders./Friedrich Engels, *Werke [MEW]*, Bd. 13, Berlin 1971, S. 5-160, hier: S. 9［『経済学批判』杉本俊朗訳、『マルクス＝エンゲルス全集13』、大月書店、一九六四年、三―一六四頁、ここは六―七頁］）。

（152）マルクスの有機体のイメージについて以下を参照。Lars Hennings, *Marx, Engels und die Teilung der Arbeit: ein einführendes Lesebuch in Gesellschaftstheorie und Geschichte, Berlin 2012, S. 204f.*

造が反映されているという状態である。[153]

民主主義的生活形式というこの理念を、社会主義は今日、解放された社会のイメージとして念頭に置くべきであるが、この理念には、以前の社会主義の未来のイメージに比べ、さまざまな機能領域の固有の意味を正当に扱いつつ、それでいながら、調和した全体への希望を捨てないで済むという長所がある。と言うのも、そのような機能分化した社会における生活の形式を語るということは、おのずと、有意味に構造化し調和的に分化した秩序、部分のたんなる総和以上の秩序を想定することになるからだ。つまり、目指すべきは、社会的自由の三つの領域のあいだの境界を巧みに線引きし、その諸領域が将来、社会の包括的統一の再生産にあたって、身体の諸器官のように強制なく相互作用し、互いに支え合うようにすることである。[154] このようにまとめると、このより良き未来の新たなイメージは、初期社会主義者がすでに立ち上げていた社会的自由の理念を、全社会的事象という高次の領域にあらためて適用しようとしたことの成果にほかならないことが、容易に認識できる。つまり、運動の始祖らが望んだように、生産者たちだけではなく、私が修正を提案したように、それに加えてまた政治的な市民とそれぞれの〔私的〕関係のパートナーだけでなく、これらの三つの領域相互が、共通目的の実現のために相互補完的関係となるようにすべきなのだ。このように社会的自由を社会の諸部分の規準に拡充するという要素について、修正された社会主義は、他のどの要素よりも、マルクスの考え方よりヘーゲルのそれに強く影響されている。つまり、将来の社会は下部、すなわち生産諸関係を中心として制御されるものと考えるべきではない。むしろ将来社会は、独立してはいるものの、目的に向けて共同的に作用する複数の機能領域が織りなす有機的全体であり、それぞれの領域で各構成員が社会的自由を持ち、互いのため（füreinander）に活動できるものとイメージすべきである。もちろん、修正された社会主義の以上のような見通し、つまり間主体的な自由の領域が社会的再生産という上位の目的のために強制なしに相互作用するという考えは、まったく変化しない固定した未来のヴィジョンだと誤解してはならない。新たな学説の先取り的要素、将来の社会に関わる諸要素のすべてと同様、この「最上の」指導的イメージも方向性を示す純粋な図式にすぎず、転換の制度的可能性を実験的に模索する方向を示すだけのものとして理解しな

(153) 民主主義を政治の統治形態としてだけでなく、生活形式全体として理解するという考えもまたジョン・デューイにさかのぼる（典型として以下を参照。John Dewey, *Democracy and Education*, in: *The Middle Works [1899-1924]*, Carbondale und Edwardsville 1985, Bd. 9, hier: S. 92-94〔『デューイ＝ミード著作集9　民主主義と教育』河村望訳、人間の科学新社、二〇一七年、一二〇—一二二頁〕、*Die Öffentlichkeit und ihre Probleme*, a.a.O., S. 129〔『公衆とその諸問題』前掲、一八六—一八八頁〕）。後にこの思想はジョン・デューイの弟子のシドニー・フックに受け継がれ探求が続けられた（Sidney Hook, »Democracy as a Way of Life«, in: *Southern Review*, 4 [1938], S. 46-57. これについて以下を参照。Roberto Frega, *Le pragmatisme comme philosophie sociale et politique*, Lormont 2015, S. 113-133）。ここで私はプラグマティズムの伝統に従ったが、機能分化という体系的思考によって拡大し、民主主義的で協働的な構造によって生活形式全体を形成しうる行為領域を確定しようとした。

(154) ここで私はマイケル・ウォルツァーのリベラルな構想を、それを社会主義の理念にとって実り豊かなものとするために取り入れた。Michael Walzer, »Liberalism and the Art of Separation«, in: *Political Theory*, 12/3 (1984), S. 315-330.

くてはならない。それゆえ、さまざまな領域での経験に裏打ちされた知見を尺度に、それぞれの領域で構成員が同権的に互いのためにあること（Füreinander）を可能とするために設けられるべき社会的諸条件は、適切な分離を施すという上位の観点から、あらためて方向づけられなくてはならない。言い換えれば、目指す変革が当該の行為領域に、長期的に固有の規範的法則性に方向づけられた民主主義的生活形式の器官を作り出す余地を拓くかどうか、繰り返し吟味すべきである。

だが、この方向付けの図式についてまだ少なくとも二点、明らかにされていないことがある。これを解明しなければ、修正された社会主義は変革行為へと向かわせる力を持たないだろう。一つは、これまで素描してきた民主主義的生活形式という指導的イメージは、あたかも望まれた変革、実験的に探求される変革を開始し、その完結することのない探求のプロセスを継続する何らかの制御的審級が、現在においても未来においても必要ではないかのような、厄介な印象をあたえるように思われる。と言うのも、ここで意識的に選ばれた有機体とのアナロジーから、この変革のプロセスは、支配的なシステム機能主義が考えるように、包括的に行われる匿名的な目的的活動の結果であり、人間の側の積極的、探求的介入を必要としないといった印象が容易に生じるからだ。[155] その点については、これまで素描してきた方向付けの図式には訂正が必要である。その訂正により、目標とする社会的自由の機能領域の相互作用にとって必要な変革、境界付け、適応のプロセスを制御しつつ実現する中心となる場を明らかにしなくてはならない。このような反省的制御の審級が特定されてはじめて、刷新された社会主義は、社会という有機体で自身が推奨する実験を行うために、おもにどこに働きかけるべきか、明らかにできる。だが、これもまだ十分ではない。これまで素描してきた未来のヴィジョンでは、民主主義的生活形式という理念は、本来、社会のどの範囲に向けられるべきかという点も不明確だった。この点を吟味しないまま一般に想定されるこの問いへの答えは、国民国家で仕切られた社会であり、その境界内で必要な変革プロセスが進められるに違いない、というものだ。しかし、個々の国家の相互依存の高まりと、それとともに進む脱国民国家化のプロセスにより、この回答はきわめて説得力がなくなっている。したがって社会主義も、自身と国民国家との関係という古くからの問題を、新しく考え直さなければならない[156]。

この残された二つの理論的欠落部分のうち、一つめは困難な問題を投げかける。それは、有機体を模範として考えられた相互作用では、自由の領域がそれぞれ独立していると同時に、そこに活動的な中心があり、相互の一致と境界付けに必要な制御作用をその中心が持続的に担うとイメージしなければならない、という問題である。さらに、この問いへの回答は重要な主題にも触れることに

(155) 支配的な分化理論が有するこの前提に対する批判的考察として以下を参照。Uwe Schimank, »Der mangelnde Akteursbezug systemtheoretischer Erklärungen gesellschaftlicher Differenzierung«, in: *Zeitschrift für Soziologie*, 14 (1985), S. 421-434.

(156) この古くからの議論の歴史について、以下の詳細なコメンタールの付されたテキスト集を参照。Georges Haupt/Michael Löwy/Claudie Weill, *Les marxistes et la question nationale 1848-1914. Etudes et textes*, Paris 1949.

なる。それは、修正された社会主義が社会を機能分化した構造体と把握し、したがって社会のなかの行為者も、多数の社会的役割を果たしていると考えなくてはならないとすれば、社会主義は、自身のメッセージの受け手として、誰を念頭に置くべきなのか、という主題である。——つまり、もはやただ「労働者」と「資本家」の対立が存在するだけではなく、愛情関係のパートナー、家族の構成員、政治的市民も同等の重要性と紛争の潜在的可能性《ダイナミックス》を有している。関係集団がこのように拡大することは避けられないが、それによっていかなる困難が生じるかを理解するために、古典的社会主義にとってこの問題の構図全体が、いかに単純で見通しのきくものであったかをいま一度想起してみよう。古典的社会主義においては、あらゆる機能分化が否認され、社会は一貫して経済領域によって規定される全体だと考えられ、そのため、プロレタリアートが社会主義理論の唯一の受け手とされた。なぜなら過去と現在、そして未来においても、生産的労働を担うプロレタリアートが社会のあり方を左右する中心的な梃子を手中にしている、とされたためである。だが、正当な理由から経済決定論を除去し、必要な注意を払いつつ、重要な機能領域が規範的固有性を持つという想定と置き換えると、一種類のアクターだけが存在し、規定的だと見なされる部門での彼らの活動の結果、私的領域と政治的行為システムの未来の形態についても影響力をふるう、という捉え方はもうできないだろう。だが、機能ごとに特化し、それぞれの領域の状況に適合した複数のアクター集団が存在するのだとすれば、社会理論的な啓蒙を経た私たちの社会主義は、呼びかけを行う中心的な相手を失ってしまうおそれがある。この難局、すなわち、領域固有のさまざまなメッセージをきわめて多様な受け手に語らねばならないという状況からの出口があるとすれば、目下の前提であるさまざまな領域ごとの固有の法則性のなかに統御の中心が存在するか、という先の問いに肯定的な答えを見出せる場合にのみだろう。つまり、この中心で活動する主体を見出すことができれば、修正された社会主義は、民主主義的な生活形式という自身のヴィジョンにもとづき、その集団が実験的な発見の活動を行うよう、働きかけられるだろう。

この点についてもまた、ジョン・デューイの示唆が助けとなる。彼は、どの社会的器官が複雑な社会において望ましいとされる成長過程を反省的に制御できるか、という問いを体系的に立てた、おそらく最初の人物である[157]。とは言え彼以前に、異なる精神的諸前提のもとでエミール・デュルケムが[158]、そして彼以後にはユルゲン・ハーバーマスが、それ以前に展開されたさまざまな提案に関連づけて同じ問題を精力的に追及した[159]。ジョン・デューイがこの問題に与えた解決策は、すでにプラグ

(157) Vgl. Dewey, *Die Öffentlichkeit und ihre Probleme*, a.a.O.〔『公衆とその諸問題』前掲〕。
(158) Durkheim, *Physik der Sitten und der Moral*, a.a.O., S. 115ff.〔『社会学講義——習俗と法の物理学』前掲、一二八頁以下〕。
(159) Jürgen Habermas, *Strukturwandel der Öffentlichkeit. Untersuchungen zu einer Kategorie der bürgerlichen Gesellschaft* [1962], Neuwied/Berlin ^{5}1971〔『公共性の構造転換——市民社会の一カテゴリーについての探究』細谷貞雄、山田正行訳、未來社、一九九四年〕。もっともデューイの「機能主義的」構想とハーバーマス（およびアーレントの）「制度論的」構想のあいだには、さしあた

マティズムの共有財産となっており、すでに言及した彼の思想の延長線上にあるものだと理解できる。その解決策とは、社会的なものという次元でまだ利用されていない社会革新のポテンシャルを発見する手段は、あらゆる関与者の可能なかぎり制限のないコミュニケーションをおいて他にない、というものだ。(160) この理念をさらに深く掘り下げ、機能的に分化した社会内部で、どの審級が統合的制御という課題を引き受けるべきかという問いを立てるならば、それは「公共圏（Öffentlichkeit）」という制度的器官であり、そこにあらゆる参加者が可能な限り強制と妨害なく参加できることだ、ということが明らかとなる。と言うのも、公共圏における多くの声と視角からなる相互作用によって、個々の領域についてであれ、あるいは領域間の調整についてであれ、問題を早くから知覚し、再び適合状態に導く多くの解決策を吟味することができるからだ。これを先に用いた有機体主義の用語法に翻訳しなおすと、デューイの考え方は次のようなものだと言える。すなわち、社会的行為システムにおいて目的志向的プロセス全体を反省的に制御するという機能を果たしうるのは、民主主義的な意思形成に制度的枠組みを与えられるものである。つまり、機能的に相互補完的な自由の諸領域の共同作用において、民主主義的行為の領域は同等のもののなかでの第一者（prima inter pares）として格別の位置を占める。なぜなら、この領域こそ、社会的協働生活のどんな不具合も万人が知覚できるように表明され、それゆえ協働して克服すべき課題として扱われる唯一の領域だからだ。この認識上の長所と言える役割に加え、(161) 政治的公共圏は立法者に正当性を創出するという影響を与え、それをつうじて説得力のある解決策を拘束力のある法というかたちにする力を持つ。したがって、この領域が制御機能を持つことに疑念の余地はない。互いに助言し合う市民からなる民主主義的公共圏こそが、独立した自由の諸領域が分業的に協同作用するなかで全体の有機的構成の合目的性を監視し、必要に応じてその内部のありかたを訂正するという役割を担う。機能分化はこれまで自立的に進行していると思われてきたが、以上のように考えることで、機能分化のあり方は再び民主主義的意思形成の課題となる。(162) 生きた有機体ではその内部構造によって自動的に遂行される事柄、すなわちそれぞれ独立しながら相互に支え合う諸器官の共同作業による成熟は、民主主義的生活プロセスにおいては、その担い手自身によって行われるだろう。それは、彼ら自身が創り出す公共的協議という手段を助けに、彼らの行為全体の積み重ねとして生じた結果に集合的に働きかけることによって実現される。

り相当の差異がある。しかしこの差異は、後者が公共圏（Öffentlichkeit）を市民社会（Zivilgesellschaft）の媒体だという理解を強めるほど、弱いものとなる（Habermas, *Faktizität und Geltung*, a.a.O., Kap. VIII〔『事実性と妥当性（下）』前掲、第八章〕）。

（160）Siehe oben S. 98 ff.〔本書、一〇〇頁以下を参照〕。

（161）民主主義的公共圏内部で形成され、そこで表現される運動の認識的役割については以下を参照。Elizabeth Anderson, »The Epistemology of Democracy«, in: *Episteme. A Journal of Social Epistemology*, 3/1 (2006), S. 8-22.

（162）この視点については以下を参照。Hans Joas, *Die Kreativität des Handelns*, Frankfurt/M. 1992, Kap. 4.3.

民主主義的生活形式という理念の作り出すもの全体へのこの洞察によって、刷新された社会主義は誰を自身の訴えの受け手としているか、という問いの回答も与えられる。私たちの社会的自由の拡大という、すでに過去に切り拓かれた道を、実験的探求を助けに勇敢に先に進もうという訴えの受け手は、民主主義的公共圏に集う市民自身以外にありえない。彼らだけが、変革行為への勇気を与えられることにより、中心的な社会領域すべてにおいて強制なしに互いのためにあること（Füreinander）を実現するにあたり、今なお存在する制約や障害を熟慮のうえ取り除く側に立つことができる。産業プロレタリアートであれ、生活水準を切り下げられたホワイトカラー層であれ、特定の社会階級も、また何らかの社会運動も今日、社会主義の主要な関係集団と見なすことはできない。むしろ社会主義は、民主主義的協働作業という国家以前の領域内部に居て、さまざまな社会領域における社会的自由の制約の徴候である各種の苦境、冷遇、権力行使を被った者の嘆きの声に耳を傾ける者すべてに働きかけるべきだろう。先に見たとおり(163)、何らかの社会状態と結びついた堅固な革命予備軍が存在するという想定が、トランプで作った家のように崩れてしまった後、社会階級や運動は、刷新された社会主義にとって、将来の保障として役立たない。そういった集合的主体が世界史的使命を有するといった信念はすべて、これも先に述べたように、一連の制度的な成果に記録された進歩の線は恣意的に断ち切ることはできず、将来につながっているという信頼に置き換えるべきだろう。その際、今日の社会主義がそのメッセージの受け手とする民主主義的公共圏は、その社会的組成が常に変化し、人的境界も不明確で、全体的にきわめて流動的でもろい構造であるため、集合的な主体を形成していないということは短所でなく、むしろ長所なのである。と言うのも、さまざまな主題と視点に対する開放性、生き生きとした注意力だけが、社会構造のあらゆるところから発せられる自由の削減に対する嘆きが、実際に聞き取られ、そのうえで、実践的に継続されるべき進歩の歴史という歴史の語りの試験台にのせられことを保証するからだ。したがって、公共空間に集う市民を自身の訴えの相手だとすることとの意味は、社会主義の確固たる担い手があらかじめすでに存在するという幻想を、最終的に払い落とすことだけではない。それはまた特に、これからは「社会的自由」という規範的な指導理念によって、現代社会の部分システムすべてにおけるさまざまな解放の努力を、政治的に代表しようと意欲することを意味する。今日、社会主義が経済領域における他律的決定や疎外された労働の除去だけでなく、個人的関係と民主主義的意思形成における強制、支配の克服も目指すのであれば、社会主義は自身の規範的関心事のための共闘者を政治的公共圏というアリーナにおいて見出すほかかない。と言うのも、ここ以外で社会主義は、自分の利害と直接関係がなくとも改革に乗り出すという役割を引き受けるような社会の構成員に出会うことはないからである。その限りで今日の社会主義は、たしかに賃労働者の利害も将来にわたってたえず

(163) Siehe oben S. 116f.〔本書、一一八頁以下を参照〕。

争わなくてはならないものであるにせよ、もはや賃労働者の関心事ではなく、むしろ政治的市民の関心事である。

社会主義は国民国家内の社会のプロジェクトか、それとも根本的にインターナショナルなプロジェクトとして理解すべきかという問いは、労働運動の歴史を遠くさかのぼる、困難な問いであり続けている。この問いへの回答は、国民国家の境界がますます流動化している現状から考えるより、ずっと困難である。一方で、今日ほとんどすべての者が――少なくとも十九世紀、運動が始まった時よりも多数の者が――社会主義のヴィジョンは当初より国民国家の境界を超えた地点だけで適用できる社会政治的構想であった、という理解に同意するだろう。と言うのも、さまざまな行為領域の規範的統制はこの間、ますます個々の国家の「主権」によるコントロールを脱しており、社会主義の目指すこれらの領域の改良策は依然として個々の国のなかでしか実現できないという考えは、きわめて見込み薄になっているからだ。例えば、以前から資本主義的経済システムは国際的にずっと強力に網を張り、入り組んだ作用をしており、国民国家のアクターは、このシステムを統制する権力をもはや十分に有していない、という一事を想起するだけでもこれは明白だ。国家の相互依存傾向の高まりに応じて、社会主義の学説も転換が求められており、社会的自由の拡大の可能性を求める数々の実験は、もはや国境を度外視した次元に位置づけなければならない。そのような実験的探求のイニシアティヴは、先ほど見たとおり、何らかのかたちで民主主義的公共圏から出発しなくてはならない。それゆえ、この公共圏も、さまざまな国際的な敵対勢力に立ち向かうために、可能な限り広範囲での脱国民国家化することが近々に必要だ。だがこういった議論はすべて、理論として唱えるのは実際に実現するより容易であるし、[164] それにもまして、社会の現実は、「世界社会」で好んで語られるよりも多くの非同時的要素を孕んでいる、という事実を完全に正しく捉えているとは言えない。[165]

困難の出発点として明確にしておかなくてはならない点とは、先にあげたさまざまに分化した行為領域は、もはや国民国家に結びつかないグローバルな統制の傾向に関して、その程度がそれぞれまったく異なるということだ。つまり、たしかに経済システムは今日、広範に「世界社会」的な制御と規制のはたらく領域だが、これは家族、親密な諸関係、友情関係といった領域には妥当せず、この領域内部の基本的状態はまだ、ある国の、または一国を超えた文化圏によって規範的、法的政治的に制約されている。例えば、同性愛者間の結婚は、ヨーロッパでは正当で法的に認められるも

(164) この困難については以下を参照。Kate Nash (Hg.), *Transnationalizing the Public Sphere*, Cambridge 2014.
(165) この点については以下の論文が一読に値する。Forschungsgruppe Weltgesellschaft, »Weltgesellschaft: Identifizierung eines ›Phantoms‹«, in: *Politische Vierteljahresschrift*, 37/1 (1996), S. 5-26; Lothar Brock/Mathias Albert, »Entgrenzung der Staatenwelt. Zur Analyse weltgesellschaftlicher Entwicklungstendenzen«, in: *Zeitschrift für Internationale Beziehungen*, 2/2 (1995), S. 259-285.

のとなりつつある一方で、他の地域では支配的な伝統によって依然として考えられないものである。第二の困難は、刷新された社会主義は、その先行者と異なり、社会秩序が機能的に分化していると想定するが、そういう社会秩序においてその構成員がさまざまな役割を強制なしに交換するためには、憲法や基本法による高度な保障が必要となる。そしてこのような憲法による規制は、依然として個々の主権的法治国家によって創設され保障される以上、社会分化のプロセスを国民国家の枠内の社会が担うことをまったく捨て去ることは、おそらく得策ではないだろう。[166] その意味で、今後社会理論は、「方法論的」に、コスモポリタン的なカテゴリーでのみ思考すべきである、というウルリッヒ・ベックが掲げた要求[167]はあまりに性急であり、私たちの社会的現実の広範な領域が、今もなお、国民国家の範囲で妥当する法体系に強力に規定されているという点を考慮していない。社会主義の刷新の試みがここで直面する第三の困難は、国際化の高まりという事実とそれに関する社会的意識のあいだに時間的なギャップがある、ということから帰結する。すなわち、個々の行為領域の規範的規則は、今日、ますます国民国家を超えた次元で決定されるようになっている。その一方で、国民の大部分は、そういった規則を民主主義的な基準にしたがって立法化したり改正する能力が「彼ら」自身の国民国家の諸機関にあると今もなお考えている。世論が時代を後追いしているこの状態を、たんに現実感覚の不足の結果とか、よく言われる日常生活意識の偶像崇拝の結果としてのみ解釈しようとすると、おそらく誤解することになる。むしろ、それは政治的実践的欲求のあらわれだと考えるべきであり、その欲求とは、自身の環境世界の重要事は誰の目にも見える機関に担ってもらいたい、そして、そういう機関が説明を行い、介入行為が行える状態であってもらいたい、というものだろう。しかしこの非同時性、つまり事実の展開と世論によるその理解のあいだのギャップの適切な解釈が何であれ、いずれにせよ、これは修正された社会主義が重大に受け止めるべき問題である。一方で、市民の「後追い」的意識をただ度外視してはならない。彼らの関心や心情をこの規範的企ての側へ獲得する必要があるからだ。だが他方、公共的な同意をできる限り早く得ようとするあまり、国家の主権喪失という実態を即座に否定することもできない。――前者では前衛主義ないしエリート主義に、後者ではポピュリズムに陥る危険がある。

これらの非同時性がまず示しているのは、社会主義を、はじめから細かな弁別も行わずに、「インターナショナル」なプロジェクトだと捉えることが、いかに軽率で性急な態度であるかということだ。たしかに社会主義が目指すのは、民主主義的な生活形式の創造を目的とする実験的な探査を、世界規模で促進することにほかならない。つまり、あらゆる国で、社会主義を精神的な後ろ盾

(166) Tyrell, »Anfragen an die Theorie der gesellschaftlichen Differenzierung«, a.a.O., S. 187.
(167) Ulrich Beck/Edgar Grande, »Jenseits des methodologischen Nationalismus: Außereuropäische und europäische Variationen der Zweiten Moderne«, in: *Soziale Welt*, 61 (2010), S. 187-216.

として、個人的諸関係、経済行為、政治的意思形成というさまざまな領域で、強制なく、同権的に互いのためにあること（Füreinander）の諸条件を整え、それらが補い合ってひとつの生活形式という有機的全体となる可能性を求めるさまざまな試みがなされるべきである。他ならぬこの規範的な意味において、社会主義とは「コスモポリタン」ないし「インターナショナル」なプロジェクトである。ヨーロッパや経済的に発展した地域の国民のみならず、すべての国の住民に対して、フランス革命によって確立した自由、平等、連帯の原理をそのリベラルな実現形態を超えて発展させ、社会を実際に「社会的（sozial）」なものとするよう訴えるべきである。このヴィジョンが、さまざまな場所で行われる社会的自由の拡大のための実験を精神的にまとめる共通の絆であるとすれば、同時に社会主義はたんにそのような規範的に理解されたインターナショナリズム以上のものでなくてはならない。社会主義は組織としても世界に広がる運動として捉えられるものでなくてはならず、その運動下において地域で行われるさまざまなプロジェクトが補完し合い、あちらこちらのプロジェクトが他の場所での社会的政治的努力を支えながら寄り添うようになることを目指すべきである。この種の社会主義的なインターナショナリズムの規則を一つの定式にまとめるならば、すなわち、ある地域の実験的な介入は常に同時に他の地域で行われる実験の成功の見込みを高められるものであるべきだ、ということになる。そして、地域間の相互依存がきわめて強力で、世界規模で実施しなければ介入の有効性を検証できないケース――例えばトマ・ピケティが推奨する持続可能な分配を目的とする資本課税[168]——では、協調行動によってすべての国家組織の政治的決定権者に働きかけるという、かなり高度な条件を満たさなくてはならない。もっともこの両者、つまり地域だけに根差すさまざまな実験の相互補完という形態と、そういった実験の世界規模でのネットワーク化は、どちらもグローバルに行動する中心組織の存在を前提とする。こういったブローバルな組織ならば、アムネスティ・インターナショナルやグリーンピースを範とし、できるだけ多く国の代表によって必要な協調作業が行える。その意味で、今日の社会主義が運動として、転換した国家間秩序に対抗しつづけるには、グローバルな成功を収めた非政府組織にならい、社会的自由の実現という道徳的課題のための国際的ネットワークを持つ代表機構として組織されなくてはならない。

すべての国境を越える組織的繋がりという次元より下のところでは、社会主義は当然、それぞれの地理的空間に根差さなくてはならない。そういった空間は、政治的公共圏を成立させるのに十分な文化的および法的共通性を備えている。つまり社会主義が、社会的な苦境を取り除くために行動する市民たちにまず働きかけるべきだとすれば、それができるのは、規範的な感受性と注意力に一致点があり、個々の市民が問題への共通認識にもとづいて行動を起こしうる範囲においてのみである。その場合、そういった公共圏がまだナショナルな規模の社会の性格を持っているか、それとも

(168) Piketty, *Das Kapital im 21. Jahrhundert*, a.a.O., Kap. 14〔『21世紀の資本』前掲、第十四章〕。

すでにトランスナショナルな構造の端緒的な特徴を有しているかという問題は、二次的な意味しか持たない。決定的なのは、規範的な感受性がメッセージの受け手となりうる市民に行きわたり、彼らが社会的自由の実現にとって未解決の問題を共通の課題として知覚しうるかどうか、という一点である。グローバルな相互依存関係に直面する今日の社会主義が、世界規模での発信形態と組織形態を持たねばならぬことは不可避だが、それにもかかわらず、実践的政治的活性化という目的のためには、やはりまず、常に地域で、集合的行為の意味を見通すことのできる領域で活動しなくてはならない。現存の社会秩序において互いのためにあること（Füreinander）をより強化し、社会的自由が将来実現する可能性を拓く倫理的プロジェクトへの参加者を獲得するという試みを、社会主義は地域からはじめなくてはならない。

国際的ネットワーク化の必要と地域の伝統に根差す必要のあいだの緊張関係のなかに社会主義は置かれているが、そこからあきらかになるのは、今日の社会主義は同時に二つの異なる形態をとらなくてはならない、ということだ。ジョン・ロールズの行った有名な区別を転用すれば、(169)次のように言えるかもしれない。すなわち社会主義は、社会的自由の世界規模での弁護人という機能を果たすには、政治的原則という形態をとり、具体的で地域に根差した公共圏を活性化する力を持つには、倫理的に厚い、地域の文化的所与と繋がりを持った形態をとる。つまり社会主義は、地球全体に散在するさまざまな闘争の知的結節項という第一の役割において、それぞれの生活世界の倫理・習俗を捨象し、社会的自由という薄く引きのばされた原理とさまざまな闘争との折り合いを示さなくてはならない。それに対し、地域の社会的実験への理念の提供者という第二の役割において、社会主義は、関与者の理性のみならず心まで摑めるよう、文化的に充実した包括的「グローバル理論」(ロールズ)に変貌しなければならない。外部に向かい、近年好んで「世界公共圏」と呼ばれるものに入り込むには、今日の社会主義は「政治的」で倫理的には中立な学説の姿をまとう他ないだろう。他方、内部に向かい、それぞれの具体的な受け手に対する場合には、生活世界を知り尽した意味産出的な理論という形態をとらなければ影響力をもつことはできない。(170)

同一の理論が二つの異なる形態をとるという、社会主義のこの股裂き状態の克服は、内部に向けた活性化をはかる伝道において生活世界の倫理・習俗を外部へと開き、外部の観点への道徳的感受性を決定的に高められれば、それだけ容易となる。今日の社会主義が社会的自由の促進を働きかけようとする、地域に根を下ろした公共圏で、自身の環境世界や世界の他の地域からまったく隔絶

(169) Vgl. John Rawls, »Gerechtigkeit als Fairneß: politisch und nicht metaphysisch«, in: ders., Die Idee des politischen Liberalismus. Aufsätze 1978-1989, Frankfurt/M. 1992, S. 255-292.

(170) とは言え社会主義は、ロールズの言葉を使うなら、他の「グローバル理論」と異なり、いつか「理性的多元主義」のもとでの「重なり合う合意」の理論的プラットフォームたりうると、説得的な根拠をもって希望できる「グローバル理論」ではある。

し、外部の窮状や欲求を自身の領域内で知覚できないような場所は存在しない。またそれゆえ、共通の課題を主題化する際、その課題を内部で解決するときに外部の要求を考慮しないで済む地域的公共圏も、ひとつとして存在しない。社会主義のメッセージの受け手である集団は今日すべて、道徳的脱国民国家化の吸引力に引き込まれ、自分に向けられた要求を、他の地域のそれぞれの受け手から隔てることがもはやできない。自身の二つの理論部分の間隔を縮めるためには、社会主義はこの現在の発展傾向にたえず依拠しなければならない。つまり、それぞれの公共圏で社会的自由の実験的拡大の支持を獲得するためには外へ向かい、社会主義は、これまで排除されてきたすべての集団の声を強く鮮明に聞き取られるように示し、そういった集団の関心事を考慮して適切な解決策を模索しなければならない。自由を拡大する将来的可能性を、今ここで、共同的に探求する際に、このように他者を強力に巻き込むほど、社会主義の二つの理論形態をこれまで隔ててきた隙間は狭まる。と言うのも、地域での探求過程に「外部から」の声が取り入れられれば、それがどのような声であれ、探求を行う公共圏の成員だと言える者、倫理的で包括的な教義の受け手だと言える者の範囲が拡大することになるからだ。この地域に根差す公共圏を内部から外に開いていく途上で社会主義の二つの特性の溝が埋まり、二つの特性が唯一の受け手しか持たなくなり、両者は完全に一致する、とまで言えるようになるかどうかという問いは、今日のところはまだ、まったく回答のしようがない。

これについても、回答を与えることができるのは、社会的自由の理念を導きの糸として行われる実験だけだ。この実験をつうじて、私たちは定かならぬ将来に輪郭を与えるべく、手探りで一歩ずつ進んでいく。

この遥か彼方を先取りする考察で、社会主義を十九世紀に根差す思考の檻から解放し、それに私たちの現在にあった形姿を与えようという私の試みは、終点にたどりついた。リベラリズムを内側から克服し、自由、平等、連帯の調和を確立するという規範的な根本関心に、今日においてもなお説得的な形態を与えるための理論的基礎をつくるには、それ以前に多くの回り道が避けられず、他の思想の伝統から多くを借用する必要があった。プロレタリアートを革命的主体とするという考え方ときっぱり手を切り、創設者らの歴史観を歴史的実験主義に置き換え、社会的自由という指導的思想を社会分化の現状に適合させる必要があった。それだけではない。この改築作業の過程で、経済に律せられた社会という古い見方を、民主主義的生活形式という見方に刷新しなければならなかった。このようにして施された修正の総計によって社会主義がまとうことになった最終的形態は、

おそらく、これまでの社会主義の支持者の多数が、かつてその本来の関心事、理論的刺激と感じてきたものをほとんど再認できないようなものであろう。資本主義に内在する自己破壊的傾向を信じるとか、資本主義自身が新たなものの萌芽を宿す階級を常に生み出すと希望する、といったことは、もはや過去のものとなったと思われる。とは言え、こういった点への幻滅から私の修正の提案に疑念を抱く者は、自らの好む幻想に固くしがみついたままでは、自身のプロジェクトの未来における実現可能性に今一度根拠ある希望を与える、おそらく最後のチャンスを逸してしまうのではないか、という問いを避けることになる。今日、現在の秩序は将来転換可能だという希望の根拠を、何らかの階級の行動力にではなく、社会主義自身が二百年来、その最前線で関わってきた社会進歩の軌跡の示す先に置く方が、どれほど現実主義的だろう。また生産関係ばかりでなく、私的関係と政治における共同決定の可能性についても、自由の拡大の道徳的代理人となることの方が、現在の紛争に関する意識の変化にどれほど正確に合致しているだろう。

社会的自由の思想を、私が素描してきたように、現代社会の三つの主要な領域すべてに適用するなら、つまり、経済行為の領域だけでなく、政治的意思形成と個人的諸関係の領域においても実り豊かなものとするなら、そこではじめて、社会主義が今日、自身のヴィジョンで擁護しなければならないものの全貌が明らかになる。リベラル民主主義的体制をとる資本主義の内部で、社会主義は、社会的従属と排除が一歩ずつ克服される歴史的傾向を支持してきた。そのために社会主義はどこでも常に、所与の条件下では自由、平等、連帯の相互作用という約束の実現は、まだ、まったく不可能であるとの立場を貫いてきた。社会主義の見地からすれば、その実現のためには、すべての中心的行為領域の転換が必要であり、その転換により、それらの行為領域において社会の構成員が強制なく互いのために（füreinander）活動できる制度的前提を創出しなくてはならない。そう考える社会主義ならば、経済活動における他律と疎外された労働の除去という展望だけで事が足りる、と考えることはできない。なぜなら、個人的関係と民主主義的意思形成という他の二つの領域内部でも、支配の行使、強制、強要が今なおはびこっていることからもわかるように、現代社会はまだ真の意味で社会的と言えるものにはなっていないことを、この社会主義は理解しているからだ。この根本的に転換した社会主義は、創始者らの理論的自己理解以上のものであると同時に、それ以下のものでもある。一方でこの社会主義は、より良い未来のヴィジョンを、経済行為の領域を適切な措置によって社会化するという経済政策的イメージに限定できない。なぜなら家族関係、愛情関係においても、公共的意思形成の手続きにおいても、社会的自由の条件をまずこれからを整えなければならない状態にあることを学んだからだ。他方でこの社会主義は、創始者らと異なり、変革にあたって何らかの歴史法則の知識に依拠することがもはやできず、それゆえ、さまざまな領域でなすべきことを、実験的探求とそれに応じた認識の変更によって、その都度、新たに経験に取り込まなくてはならないからだ。

このように修正された社会主義には、たえず目的と手段を新たに適合し直しながらも、常に目指し続けなくてはならないものがある。それは、この社会主義が自身を鼓舞しようと過去を振り返るとき、過去に効果のあった改革が歴史的徴候として示唆するものでもある。それは、個人の自由が連帯を犠牲にするのでなく、連帯を助けとして繁栄する社会的生活形式である。この目標を示すイメージとして、結局のところ、それぞれ異なった固有の機能を持つ社会的自由すべてが強制なしに相互作用する、というもの以上のものを私は知らない。社会の構成員すべてがどの他者とも共有している欲求、つまり身体的、感情的親密性の欲求、経済的自立の欲求、政治的自己決定の欲求を充足するにあたり、相互行為のパートナーの関与と援助を頼みにすることができる状態、それが実現した場合にのみ、私たちの社会は、十全な意味で社会的（sozial）になったと言えるだろう。

補遺——二つの受賞講演

「赤いウィーン」——社会主義的実験主義の精神について(1)

二〇世紀の最初の三十年間において、学問的才能に満ちていると同時に、実践志向の社会主義者たちをこれほど多く輩出したのは、ヨーロッパで都市ウィーンをおいて他にはなかった。この都市は当時、いかに資本主義的諸関係の克服というプロジェクトを所与の状況の下でもっともよく実現しうるのか、というヨーロッパ中で交わされていた激しい論争の中心地となっていたと言っても過言ではない。この地でマックス・アドラーやオットー・バウアーのような学識あるマルクス主義者たちは、よりプラグマティックな方向性を持った社会民主主義者たちと出会うことになった。この地

(1) 二〇一五年、『社会主義の理念』が、政治的著作に対するブルーノ・クライスキー賞を授与された際のウィーンで行われた講演。

で、国民経済学の内部でマルクスの資本主義批判に関する激しい論争が生じ、この論争には、カール・メンガーとオイゲン・フォン・ベーム＝バーヴェルクとともにすでに、その門下生であるルドルフ・ヒルファディング、エミール・レーデラー、ヨーゼフ・シュムペーターが参加していた。この地で、ウィーン学派のそれぞれのメンバー、とりわけオットー・ノイラートは社会主義的変革の目標を実践に移し始めた。そしてまたこの地で、新たに成立した深層心理学の著名な代表者たちが、教育システムの社会的改良に向かっていった。なぜそうであったのか、なぜ戦間期のウィーンがこれらすべての社会主義的論争と活動の中心地となることができたのかについては、回顧しても漠とした推測にとどまるだろう。少なからぬ役割を演じたのは、当時、ハプスブルク帝国の辺境の地から多くのユダヤ人家族がこの都市に移住し、その子女たちが第一次大戦後の歳月に現存秩序を改革する情熱的で知的な関心を育んだことであった。一九一九年にハンガリー評議会共和国が軍事力によって撃破された後、変化を求める若いユダヤ人たちのグループは今一度、大きく成長した。なぜなら、多くのユダヤ系知識人や学者たちがブタペストからウィーンに逃れてきたからである。こうして都市ウィーンは比較的短期間にユダヤ系知識人の坩堝となったのであり、彼らのなかからまもなく社会主義活動家のかなりの部分が生まれることになった。ウィーンが特別な地位を持つことになったもうひとつの理由は、この都市が社会民主主義の単独統治により一九二〇年、オーストリア共和国の独立州となり、それによって十分な政治的自律性を獲得し、そのため社会主義的な社会政策の実験場となりえたことだったかもしれない。理論家と政治家が常に対話を交わし、また若干の作家や芸術家の支持を得て、ここでは当時、ヨーロッパの他の都市では想像すらできなかったような労働者階級の待遇改善のための改革プロジェクトが着手された。このように一九二〇年代のウィーンには、この都市が社会主義的な理論と実践とを媒介する試みの知的な実験室となることを運命づける有利な前提条件がいくつか揃っていたのである。資本主義の搾取と支配の克服という目的に近づくために行わなくてはならないことを、ここでは、国家社会主義者の権力獲得までは、きわめて有利な条件のもとで試すことができたのである。

戦後期ウィーンにおける状況は当時きわめて有利で、社会主義的理念、戦略的知識人たち、政治的行動の場が二〇世紀には稀なことに一箇所に集まっていた。そのため、この時代から社会主義的プロジェクトの成功の条件について何を学びうるか、という問いが同時に起こってくる。したがって私は以下において、よく「赤いウィーン」と呼ばれるみなさんの都市の歴史の一時代を用いて、いかに社会主義的理論と実践とが相互に関係したのか、この都市の当時の状況が実現可能な社会主義の形態について、私たちに何を教えてくれるか分析したいと思う。つまり、この時代の開始期にしばし立ちもどって、一九一九年以後の都市改革のプロジェクトが社会主義の名のもとに始まった政治的‐文化的関係を考察してみることにしよう。

第一次大戦終結とドナウ王国〔オーストリア＝ハンガリー帝国の別名〕の崩壊後、他の条件のもとにあったドイツと同様、オーストリアにおいても共和国が宣言された。一九一九年五月の市議会議員選挙において初めてあらゆる社会階級の男女が投票を許され、ウィーンにおいて社会民主党が絶対多数で権力を獲得した。とは言え、市の行政当局は、その活動にはきわめて大きな自由裁量の余地があるように見えたが、一連の難題を抱えていた。それは上昇するインフレーション、かつての戦争地域からの大量の本国送還者や、きわめて劣悪な供給難によるものだった。[2] 市の抱える破局的な状況――難民と帰還兵の大群、賃金の低下、プロレタリア地区の貧困――に対して、社会民主主義の市政が状況を改善したそのスピードは、いまから見ると小さな「奇跡」と言われている（また、その評価は正当でもある[3]）。

その際、前述のとおり、一九二〇年にこの都市は、社会民主党とキリスト教社会党という二大政党の決定によって、保守的な性格のニーダーエスターライヒ州から分離し、独立した州となることが宣言された。それによって自律的に租税政策を決定する権利などが確保され、これがその後の数年間、改革プロジェクトにとって決定的であったことが示された。と言うのも、逼迫した窮状に対処するだけでなく、労働者たちにより自立性と社会的同権を与えるために、短期間のうちに行われたすべての施策の経済的基礎は、新しい画期的な租税立法によって調達された財政手段を主要な財源としていたからである。この財政政策はいまだかつてない、独創的であると同時に実効性の点でも如才ないものだったが、それに責任を負っていたのは、ユダヤ人市会議員フーゴー・ブライトナーで、彼は、社会主義的イノベーションの未来の資料館《アーカイブ》で名誉賞に値する人々の一人であった。社会学者ルドルフ・ゴルトシャイトの思想の影響を受けて、ブライトナーは、就任後、増加する市の支出を、銀行や他の金融機関からの借り入れではなく、ほぼ累進性の高い税制だけで賄うという計画を大胆に推進した。この原則を適用することによって、一九二三年には地方自治体ウィーンの地方税制度が導入され、その後この制度によって、不動産や家賃に対する累進的な課税や、高級自家用車から乗用馬や、雇人に至る贅沢品への恒常的な課税がなされることになった。このようにして調達された資金のおかげで、市政と州政府はその後十年間、多くの施策を導入できたが、これらが全体として新たな形態の社会主義的社会政策を事実上、生み出した。

これらの改革プロジェクトでまず目につくことは、実施された措置の幅広さと密度の高さだけでなく、政党の公式的な、上意下達の命令系統から大きな距離がとられていることであった。この二つの点にここで少し目を向けよう。なぜなら、それから未来の社会主義の適切な形態についての多くのことを知ることができるからである。まず驚くのは、市政と州政府とが、どれほど社会主義の

(2) ウィーンの戦後の状況に関しては以下参照。Ferdinand Opll/Peter Csendes (Hg.), *Wien. Geschichte einer Stadt*, Bd.3, Wien 2006, S.317-360（この著作の一八六〇年から一九四五年に至る章はヴォルフガンク・マーダーターナーの手による）。
(3) Harald Jahn, *Das Wunder des roten Wien*, 2 Bde., Wien 2014.

教義にこだわらずに、手つかずの機会を利用し、試行錯誤しながら資本主義的関係を克服する第一歩を踏み出そうとしたか、ということである。そのための歴史的なチャンスだと見なされたのは、法制を道徳的にさらに拡張する可能性、既存の扶養施設や社会施設の転用などであったが、それだけでなく特に、共感的な専門家たちや知識人たちを任用することだった。彼らは、その才能や知識を社会改善のために利用するのを待ち構えていたように見えた。これまで用いられていなかったリソースをこのように巧みに動員した例として挙げるべきは、ウィーン地区の住宅建設計画で、これはおそらく、今日に至るまで模範的だと言える。一九二三年九月二一日、地方自治政府は大幅に増加する税収を利用して今後五年間で、五千戸ずつ公営住宅を集合住宅の形態で建設することを決定した。この住宅は、衛生上の基準を満たし、まずまず快適であり、幼稚園、書店、入浴施設、医院へ簡単にアクセスできるものであった[4]。しかしそれだけではなく、都市計画課長フランツ・ムージルは、この巨大な建築計画のために、当時の指導的建築家たちの協力を得ることができた。彼らのそれぞれ独創的な設計は、住宅の区画がそれぞれ芸術的で際立った個性を持ち、今日の公共福祉住宅のように味気ない、等し並みの外観にならないように配慮されていた。こうして、ほんの数年のあいだに集合住宅が都市全体に網を張りめぐらせたように建設されたが、その家賃は一世帯の労働による収入の四パーセント以下で、その設備は今日においても社会的に適切で好ましいと思えるものだ。既存の枠にとらわれない実利主義、機を見るに敏な態度、創造的な問題解決や迅速な介入を等しく混合し、市政の責任者たちは、社会的住宅建設のみならず、同じように重要なさらなる改革計画においても腕を振るった。

当時のウィーンにおける大きな社会主義的成果は、迅速に進められた学校改革である。[5] そこでは、教育の公正（Bildungsgerechtigkeit）を高める措置と授業を民主化する手立てが導入された。それまで、オーストリアの学校システムはたいていのヨーロッパ諸国のそれと同じように、社会的に〔階層によって〕非常にはっきりと分けられていて、その内容は軍隊の訓練形態にならって作られていたので、学校庁の担当大臣オットー・グレッケルはこの二つを一九二〇年代の初めから可能な限り早く変えようとした。学校の民主化による社会的平等という理念は、それぞれの子どもに教育の最適な機会を与えるだけでなく、授業そのものを一斉の訓練でなく協働学習の形態をとることで実現されるはずだった。ここでも驚かされるのは、これら二つを目標とした改革を進めたグレッケルのテンポ、柔軟性、バランス感覚である。つまり、クラス代表と生徒代表の役割が、生徒の共同決定の強化という目的で制度化され、学校の種類の違いが著しく取り除かれ、それまで必修だった宗教の授業は完全に廃止されたのである。教室では、授業のディスカッション・スタイルを強調するた

（4）Ebd., Bd. 1, S.20-27.
（5）Vgl. Dazu Opll/Csendes (Hg.), *Wien. Geschichte einer Stadt*, Bd.3, a.a.O., S.368-372.

めに、座席が列をなすかたちから半円形に変わり、また教師たちもよりよい教育をうけ、常に研修を積むことができるようになった。[6] すべてのこれらの改革措置のなかでグレッケルは、市建設庁が社会参加する建築家と協働したように、心理学を学んだ教育学者、医者、ソーシャルワーカーと一緒に活動した。その際グレッケルがその勧告と助言をもっとも頼りにした学者は、深層心理学者アルフレート・アドラーだった。彼は、学校を、子どもの両親の〔社会的〕不利を均質化し社会的に信頼しうる性格構造を獲得できる場所と把握した。――彼もまた、社会主義的な社会改革という目標に喜んで自発的に奉仕する多くのユダヤ系知識人の実例であった。

このように専門家と常に意見交換しながら迅速に進められた改革措置のリストは、例えば社会保障、保育、文化政策における徹底的な改革のために同じように急速に導入された措置にまで問題なく拡張された。これらの課題領域における緊急の目標は、それぞれの分野で求められる成果をあげるためのコストをなくすか減らし、それによって現状の問題を迅速かつ非官僚的に是正することだった。私は、数年間で行われた多くの刷新のうち、さらなる実例をもうひとつここで挙げておきたい。なぜなら、当時、知識人、学者、芸術家の眠っていた才能がいかに冷静に、かつ先見の明をもって目覚めさせられ働かされたのかということが特に具体的にはっきりわかるからである。ウィーン学団のメンバーで確信ある社会主義者であった、先述のオットー・ノイラートは、科学論から政治経済学、民衆教育学にまでおよぶ見識を有していた。彼は年を追うにつれ、この民衆教育学という研究領域で統計のグラフィック化（bildstatistisch）の手法に関心を年々高めた。この手法が資本主義の不正について大衆を啓蒙するのに特に適していると彼は考えたのだ。[7] ウィーンの市政が一九二四年、新たな社会・経済博物館を設立し、民衆が彼らの生活世界の根本的な社会構造のイメージを伝えようと計画した際、ノイラートがすでに開設していた集合住宅・都市建設博物館を利用するという素晴らしいアイディアが浮かんだ。ノイラートは新しい博物館の館長に指名され、資本主義の現実と起こりうる変化を示すことになる社会的事実をヴィジュアル化する技術を展開するという彼の意図にふさわしい課題を委嘱された。この委嘱によってノイラートとのちに彼の妻となるマリー・ライデマイスターが、彼らが発明した視覚言語（「アイソタイプ」）によって社会学的な基礎知識を図表で示し、かつてなかった博物館を作った。これは、現在から振り返ってみると、社会主義的な民衆啓蒙に関する当時のさまざまな試みのなかでもひときわ傑出した頂点だと言える。一九二〇年代のウィーンにおいてこの博物館には最も多くの入場者が訪れ、ヨーロッパの多くの都市への巡回展示に招聘されるなど、大変な成功を収めたが、私の知るところでは今日に至るまでこれにならった試みが行われていないことは不思議というほかない。

（6）Jahn, *Das Wunder des roten Wien*, a.a.O., Bd. 1, S.17.
（7）Vgl. Rainer Hegselmann, »Otto Neurath – Empirischer Aufklärer und Sozialreformer«, in: ders. (Hg.), *Otto Neurath. Wissenschaftliche Weltauffassung, Sozialismus und Logischer Empirismus*, Frankfurt/M. 1979, S.7-78, hier bes. S.47-52.

おそらく、オットー・ノイラートによる博物館建築というこの最後の例は、私が「赤いウィーン」という歴史的時代を目にしながら簡単に言及したかった第二の論点へとうまく導入してくれる。すでに述べたが、当時急速に進められた改革においてその幅広さと密度以外にもまた、党の公式的な上意下達のラインから大きな隔たりを持っていることも重要だった。市政とノイラートとの自発的協同に、社会主義的教条へのあらゆるしがらみからの解放が、とてもよく示されている。それを踏まえると社会主義における理論と実践との関係に関してより普遍的な結論が引き出すことができる。周知のとおり、当時の運動の指導的理論家のうち、二人のオーストリアマルクス主義者マックス・アドラーとオットー・バウアーが集中的に取り組んでいた問題とは、改革と革命、つまり社会主義的な近い目標と遠い目標がどういう関係にあるか、ということだった。個々の違いがあっても常に一致点となっていたのは、ある改革が社会主義の見地から正当と見なしうるのは、その改革においてすでに十分な程度に、遠い目標、つまり遅かれ早かれ到達されるべき無階級社会という状態が反映されている場合のみである、という点だった。マックス・アドラーにとってこのことは、民衆啓蒙と社会主義的教育事業という課題に関わるものだった。彼はこれらの課題をその著作において詳細に論じているが、それによると、与えられた状況下で両者が有効だと言えるのは、どのような場合でも、「新しい人間」と呼ばれる、将来はじめて完全なかたちで実現する性格特性を形成する最初の段階として役立っている時に限られる。(8) もし一九二〇年代初期のウィーン市政の責任者たちがこのような考えに従っていたら、彼らはオットー・ノイラートに働きかけて、彼の助けを借りて社会・経済博物館を創設することなど思いつきもしなかっただろう、と推測される。と言うのも、このような博物館は、新たな人格特性を文化によって生み出すことには何も寄与せず、社会主義的最終目標に何も奉仕するものではなく、むしろ、ただひたすらに資本主義における〔労働者階級の〕深刻な苦境と社会の歪みを明らかにするだけのものだからである。いやそれどころか、労働者の可能な限り迅速な地位向上のために、いま・ここにあるまだ利用されていないチャンスを見つけることにまったく集中していたため、何らかの遠い目標に到達することに考えを割く余裕がなかったと言うべきかもしれない。こう考えるからと言って、私はマックス・アドラー、あるいはオットー・バウアーの理論的仕事の功績を軽視するつもりはさらさらない。両者は、マルクス主義的な理論形成のために限りなく価値のある貢献を果たした。マルクス主義の内部で一貫して間主体的に思考するアプローチを求めようとすれば、私たちは今日なおマックス・アドラーの著作にさかのぼることができるのである。(9) そしてオットー・バウアーから、民族自決権という基本財（Grundgut）を社会主

（8）Max Adler, *Neue Menschen, Gedanken über sozialistisch Erziehung*, Berlin 1924〔『階級教育論』堀秀彦譯述、自由社、一九三一年〕。補足して以下を参照。Alfred Pfabigan, *Max Adler. Eine politische Biographie*, Frankfurt/M. 1982, Kap. 5.

（9）例えば以下を参照。Max Adler, *Das Räisel der Gesellschaft*, Wien 1936.

義のコスモポリタン的な関心と将来いかに和解させるかということを、現在のために学ぶことができる。(10)とは言え、この二人の党理論家はあらゆる階級闘争から解放された社会という遠い目標に固執していた。おそらくその態度が、なぜ彼らが共通のホームタウンの改革作業に、生産的で何らかの成果を生むかたちで関係できなかったのかを説明する助けとなるだろう。いずれにしても私の知るところでは、二人のうちのどちらかがその場でみずから提案し、改革を迅速に達成する適切な手段は何かという議論に関わろうとしたことはない。彼らの革命の教義と、埋もれている可能性を手探りで探す市政のやり方との違いは甚大で、決して小さな相違にとどまるものではない。つまり、市政においては、たしかに資本主義社会の廃棄も漠然と目標とされていたものの、まずは、そのためにその時の状況で可能だったことすべてを実現することが目指された。その一方で、運動の理論家たちの場合、遠い目標から改革の歩みを演繹しうると考えていたのだ。究極状態に固執することのような態度は、歴史的に与えられたその時々の状況に根差す社会改革のチャンスを見えなくすることがある。目標地点に一直線に通じる段階だけを無階級社会に至る中間地点だと考えると、究極の状態について確固たる知識を得られない以上、近い目標と遠い目標は相互に修正し合わなくてはならないということを度外視することになる。

このような、社会主義的な遠い目標を確実に知っているという態度は、「赤いウィーン」の活動家たちには、幸運なことに、まったく無縁だった。彼らはその代わりに、私が自分の著作で（社会主義的な）「実験主義」と述べた態度をとることができた[11]。この実験的な精神、遠い革命にこだわらない精神によって市職員は党の教義から離れて進むことができた。それで彼らは巨大な住宅建設プログラムのための財政手段を発案し、オットー・ノイラートを博物館建設に誘い込み、アルフレート・アドラーをずっと以前に行われているべきであった学校改革のために雇うことができたのである。たとえ押し付けられたものであれ、あらゆる機会、例えば既存の法律、課税手段、すでに存在していても容易に改変可能な社会施設、知識人党活動家など、与えられた状況のなかで可能だと思われる改革を軌道にのせるためには、そこにある可能性をすべて見つけ出して利用するほかなかったのだ。大胆ではあるが無軌道ではなく、改良だが目指すところがないわけではない、社会主義を目指すこの市政のおかげで、これまでの社会主義の歴史において、今日においてもその実験的な革新精神の成功例だと言える数少ない章の一つを私たちは持っている。

（10）Otto Bauer, *Die Nationalitätenfrage und die Sozialdemokratie*, Wien 1924〔『民族問題と社会民主主義』丸山敬一、倉田稔、相田愼一、上条勇、太田仁樹訳、御茶の水書房、二〇〇一年〕。
（11）第三章を見よ。

希望なき時代の希望[1]

希望は、それが漠然たる憧れ以上のものであるためには、根拠を必要とする。この点について、エルンスト・ブロッホが疑いを抱いたことは決してなかった。希望や意図が将来実現されることを望むという、私たちの本性に存する欲求は、漠とした期待が転じて望んだ結果に終わるとの確実な見込みを持つには、理論的な知見による支えを必要とする。このことをブロッホは当初より確信していた。希望は学ぶことができ、教えることができなくてはならない、〈ドクタ・スペス（docta spes）〉、すなわち、学ばれた希望というものが有り得るという考えは、エルスント・ブロッホの哲学のもっ

（1）二〇一五年、ルートヴィクスハーフェンでのエルンスト・ブロッホ賞授与の際の講演。初出は以下。Klaus Kufeld (Hg.), Bloch-Almanach 34/ 2017, Periodikum des Ernst-Bloch-Archivs der Stadt Ludwigshafen am Rhein, Bielefeld 2017.

とも核心的な構成部分である。[2] つまり、私たちの情動に根差すより良きものへの志向に裏付けを与え、確信に近づけるには、希望された状態の出現を予期できるとまではいかないにせよ、それが確からしいと思える根拠を与えればよい。このことを、私たちは学ぶことができる。

とは言え現在、私たちの生きる時代からは、希望をこのように理論的根拠のある確信へと変える基盤が失われているように思われる。大多数の人々の気分の状態を調べてみれば、いかなる未来への確信も不足していることが、明確に想像できる。貧富の差の拡大、不安定な雇用関係といった社会経済の状態に不快感をおぼえながらも、この不快感に、こういった事態すべてが、万人にわかるような根拠から、近いうちに改善される、という信頼を繋げられる者は今日、稀だろう。自分の責任ではない不安定な仕事や極度の低収入といった状態に置かれ、それどころか、状況改善のために自分にできることはもうやり尽くした、という気持ちの沈む経験にともない、力を合わせればすぐに少しは変えられる、という期待に満ちた感情が沸くことはほとんどない。不足しているのは、私たちの感情と想像力を刺激し、みんなで弱気を脱し、勇気をもって同盟を結び、抑圧的状況に闘いを挑む気を起させるようなユートピア的なヴィジョンだけではない。むしろ、そういったより良き未来のイメージに対する主体の感応力がすでに失われ、たとえそういうイメージが存在しても、その励ましのメッセージを私たちは感じ取れなくなっているように思われる。とは言え、ブロッホにしたがえば、より良きもののイメージへの原初的な感受性を、私たち人間から完全に駆逐することはできない。この種の感受性は、ブロッホの考えでは、人間の自然の本能の深部に位置する情念で、どんな敵意も幻滅も超えて、必ず生き延びるものだ。何の希望も持たないこと、未来のより良きものを目指すことなく、漫然とただ生きることは、私たち人間にはできない。つまり、上述のような状況にあって、現在の諸関係を嘆きつつも、より良きものに向かうことを予期する能力を発揮できないとすれば、何が私たちに欠けているのか、という問いが立てられる。現在の私たちに欠けているのは、より公正で競争の少ない共同生活に関する現実主義的な展望なのだろうか。それとも、私たちの不快感の規範的な無方向性はより深部にまで浸透し、私たちの希望の能力そのものまで、巻き添えになってしまったのだろうか。

私たちの希望する能力すべてが消失したとまで言うのはあまり説得的ではない、という点については、さしあたりエルンスト・ブロッホは正しいと言わなくてはならないだろう。子どもは学期中、はやく休みになってまた自由に、何の心配もなく、一日中過ごせないかと夢見るし、大人も、長期休暇や楽しい外出を想像のなかで先取りするなど、この能力の一部を保持してはいる。もっとも、今挙げた事例では、希望する者が、希望する状態の到来が確実だという根拠を挙げることができる。

（2）Vgl. Henning Tegtmeyer, »Braucht Hoffnung Gründe? Ernst Bloch über das Hoffen als Affekt und Tugend«, in: *Deutsche Zeitschrift für Philosophie*, 60 (2012), S. 31-48.

つまり、生徒はカレンダーをめくれば、順調にいけば休みまでもうあまり長く待たなくてもいいと知ることができる。回復を望む重病患者は、インターネットで類似の症例の情報を探し、診断が否定的なものでも、快方に向かう可能性は常にあると励みにすることができる。たしかにこの二つの例では、希望を抱かせる根拠は、その確実さの度合いにかなりの違いがある。一つめの例では、実際に望まれた状態になる確率はきわめて高く、二つめの例では、その確率は比較的低いが、それでも漠然とした希望にある種の確実さと力を与えるには十分である。また二つめの例に見られる、希望された状態の実現を完全に否定できない、という弱い見込みが、患者の生存の意志を高めるのに足りるかどうか、これは目下の文脈では、重要でないと片付けられない問いだ。つまり、この問いから気づかされるのは、その根拠の適否がどうあれ、その出来事を引き起こすよう、自分自身も働きかけられるという気持ちが、希望する者の意志のなかで強くなればそれだけ、希望する出来事が実現するチャンスは高くなるのではないか、ということだ。ウィリアム・ジェイムズが示したように、目指す状態に到達する可能性は、自分自身がそれを実現する能力を持ち、それを駆使できると信じる度合いに応じて高まる。(3) またこの自己への信頼は、希望する状態が実現すると私たちが見込む確率と無関係ではないだろう。

ここで、人々全体に拡がる希望のなさという、比較にならないほど複雑な事例に戻ろう。悪しき状況に苦しみ、明日と言わず今日にでも改善の方向に向かってほしい、しかし、実際の状況が近々根本的に変わる、という希望を持っていない、それが現状だ。ここでは先に挙げた二つの制約が一体になっている。すなわち、現状の改善への希望が個人には断ちがたい欲求としてありながら、社会的現実にその手掛かりが見出せず、希望する状況を実現できる根拠のある展望がない。その結果、熱望する変革を起こす自身の力へのいかなる信頼も消えてしまう。自身の希望が実現しうると信じるいかなる根拠もない、それは同時に、所与の状況をいくらかでも改善する積極的な努力ができない、ということでもある。自信の欠如と意欲の喪失は、同一の基本状態の二つの側面だとも言えるだろう。以上の予備的説明の後、ここで問われるのは、そのような麻痺的な展望喪失の状態から当事者を解放するような、一種のセラピー、ある種の治療のイメージを私たちが持てるかどうかだ。その種の治療《セラピー》は、希望喪失の認知的な側面、つまり改善の実現可能性を根拠をもって見通すことできない、という点から始めるべきだろうか。それとも、意志的な側面、つまり、積極的な行為への意志が欠如している、という点から始めるべきだろうか。それとも、先に見たとおり、この両側面は一体で互いに条件付け合っているので、この治療《セラピー》は、この両側面に同時に着手しなくてはならないのだろうか。

（3） William James, »The Will to Believe«, in: ders., *Writings 1878-1899*, New York 1992 (The Library of America), S. 457-479〔『W・ジェイムズ著作集2　信ずる意志』福鎌達夫訳、日本教文社、二〇一五年、三一―四三頁〕。

以上の問いへの答えをエルンスト・ブロッホの著作に探しても、私の見方が正しければ、決して一義的な言明に出会うことはないだろう。もちろんブロッホがその哲学で伝えようとしたのは、人間の希望する能力の現象学、それと関連した、零落し忘却の淵にあるユートピアの考古学以上のものだ。そこでは常に同時に希望の徳論、つまり、初発の情動を成長させ、卓越性にまで熟成させる能力の手引きが展開されていたと言えるだろう。(4) しかし、社会的なものに向けられた希望や意図の実現可能性への信頼をまったく持てない時に、どうすれば私たちはそのような至芸の域に達することができるのか、ブロッホの作品にこの問いに対する回答はない。たしかにアリストテレスにならい、あらゆる現実的なものの内的潜在力《ポテンシャル》については、各所で語られている。これは、それぞれの所与の状況を超え出ようとする、生あるものすべてに内在する力であるが、この種の存在論的思弁が、いま・ここでの確信への根拠を私たちにどの程度与えてくれるかは、まったく不明である。私たちが自分の社会的あり方について意気阻喪し、現状が近々良い方向に向かう経験的な手がかりを見出せない時には、あらゆる現実が力動性《ダイナミクス》を持つという存在論によって、正反対の確信を与えることはできないだろう。希望を学び直し、自信と新たな意志の力を獲得するには、社会の発展が私たちの状態を改善する方向を再びとりうるということを信じさせ、はっきりと見えるようにしてくれる根拠が必要だろう。だがブロッホの哲学は、この経験的な蓋然性や確からしさが問題となる地点まで来ると、極論すれば、私たちを苦境のなかに見捨てる。ブロッホの哲学は、私たちがいま・ここでの進歩の可能性の具体的手がかりを渇望している時に、存在論的確証だけで済ませてしまうのである。ただ彼の著書のうち、『自然権と人間の尊厳』という偉大な研究においてのみ、ブロッホは、彼の希望の哲学のこの欠落を補おうとした。[5] ここでは未来に関わる感情のあり方の現象学も、埋没したユートピアの考古学も展開されていない。ここで格調高く描かれる回想の過程は、十六世紀以来、人間の尊厳と不可侵性の貫徹のために、自然権の名のもとで争われた闘争に意識を向かわせる。考古学と回想の違いは、後者においては過去と現在の意識の連続性が確立されるのに対し、前者、考古学では逆に、ある過去と現在のコントラストが浮き彫りにされ、この距離によって、私たちの現在の習慣的行為からは思いもよらなかったことを意識させる、という点にある。その意味で、ブロッホは、そういった社会的闘争の歴史の回想によって、埋没したユートピアを考古学的に明るみに出す彼の研究とはまったく別のことを行おうとした、と言えるだろう。ここでまた興味深いのは、回想が希望と補完的な関係になるのは、先へ向かう意識の活動、つまり希望を、ある程度確実な根拠の上に置ける場合であるという点である。すなわち、熱望が満たされる可能性があるという経験的な手がかりが強ければ強いほど、回想という過去に結びついた意識様態に対し、希望は未来に向

（4）Vgl. erneut Tegtmeyer, »Braucht Hoffnung Gründe?«, a.a.O.
（5）Ernst Bloch, *Naturrecht und menschliche Würde* (= Gesamtausgabe, Bd. 6), Frankfurt/M. 1961.

かうその反対物という関係をとるようになる。回想のなかで過去の諸段階を捉え直し、そこを経て私たちは現在の状況にたどり着いたのだと考えると、この過去のプロセスは、知識を支えにした希望のなかで未来へと延長され、どういう結末を迎えるかという点について、ある種の手がかりを与えてくれることになる。以上のような回想と希望の関係は、未来への確信と意欲の欠如が寒々と対をなす現在の意識状態の治療《セラピー》の見込みについて、いまいちど新しく、より良い心構えで熟考する可能性を与えてくれる、と私は思う。

イマヌエル・カントは回想と希望のそのような治療《セラピー》的結合の道を切り拓いた。当時、現在の状態について述べたのと同様な現象——進歩への懐疑と、その結果としての勇気の欠如——に直面して彼が提案したのは、社会の改良についてこれまで成功した歴史の歩みを回想し、この改良は未来にも継続できるという希望を強めることであった。とは言えカントが、おそらくブロッホよりも強く自覚していたのは、そういう企ては、これまで実際にあった進歩のプロセスに依拠することだけでは不可能であるということであった。理論的理性を手段として、人類史の歩みが進歩の積み重ねという方向を進んでいると客観的に確定できるという想定は、彼の考えでは根拠に欠けている。と言うのも、歴史の出来事は、実際には常に揺り戻しがあり、権力者が勝ちどきをあげ、卑しき民を暴力的に押さえつけるという事態が繰り返し起こってきたからだ。それゆえカントは、自身の行為が近い将来、道徳的作用を及ぼすという確信を過去の進歩から獲得するための回想を確立することは、仮言的構成（hypothetische Konstruktion）の課題である、と考えた。つまり、これまでの歴史の歩みが献身的な哲学者の手によって記述されれば、そのなかに道徳的改良の方向を持つ過程が、一定の信憑性を持つかたちで認識できるようになる可能性がある。なぜなら、そのような仕方でしか、私たちの現在の希望が実現可能性で、私たちの行為が有効であることの手掛かりが与えられないだろうからだ。[6] カントにとって、これまでの進歩の過程の仮言的構成においては次の二点が同程度に重要だった。一つは、そのような構成が経験的に確証可能であると思える説得性であり、そしてもうひとつは、いま・ここで一時的に放置されている改良を積極的に継続しようという勇気を与えてくれる喚起力だ。この二つの観点は、カントにとっては、直接に関連している、と言うべきかもしれない。つまり、過去の歴史を進歩の過程として説得的に構成できればそれだけ、現在の意気阻喪した主体が、一度は失っていた将来の改良への希望を再び実現可能なものと考え、その実現に向けて力強

(6) Vgl. bes. Immanuel Kant, »Idee zu einer allgemeinen Geschichte in weltbürgerlicher Absicht«, in: ders., *Werke in zwölf Bänden* (=Theorie-Werkausgabe), Band XI, Frankfurt/M. 1964, S. 33-50〔「世界市民的見地における普遍史の理念」福田喜一郎訳、『カント全集14』、岩波書店、二〇〇〇年、一―二二頁〕。カントにおける進歩の仮言的構成については以下を参照。Axel Honneth, »Die Unhintergehbarkeit des Fortschritts. Kants Bestimmung des Verhältnisses von Moral und Geschichte«, in: ders., *Pathologien der Vernunft. Geschichte und Gegenwart der Kritischen Theorie*, Frankfurt/M. 2007, S. 9-27〔「後戻りできない進歩――道徳と歴史との関係についてのカントの見解」、『理性の病理――批判理論の歴史と現在』出口剛司、宮本真也、日暮雅夫、片上平二郎、長澤麻子、法政大学出版局、二〇一九年、五―二八頁〕

く行動を起こすきっかけとなるだろう。カントによるこの治療《セラピー》の方法を現在の私たちの時代に翻案することは、世界史の出来事が全体としてどれほど不透明であっても、そのなかに道徳的進歩の説得的な筋道があることを明らかにする、という意味を持つだろう。そしてこの筋道は、これを継続しようという確信を私たちに与える示唆的な力を持つ。

人間の歴史をそのような進歩の過程として構成することに関して、カントはその歴史哲学的著作において、進歩の不可避性をできるだけ確信を持てるように説明できるいくつかの機序を選択肢として提示している。一つは「自然の意図」という思弁的想定だが、これは、道徳的諸関係の不可逆的改良の能力を、自然が私たちに恵与してくれたと考えなくてはならない、というものだ。またこの他に、進歩は長きにわたる数々の社会的紛争をつうじて起こってきた、という考えがあり、こちらの方が私たちにはずっと馴染みがある。(7) こういった箇所でカントは、何度も回帰しながら前進を果たす紛争の原動力として、共同体内で常に個人として抜きん出ようとする人間の傾向性を持ち出し、歴史の過程のなかで道徳的改良の原因となったのは結局のところ、この名声と名誉を求める小競り合いであるとする。しかし、この説明モデルからそういう付加物を除去することは困難ではなく、そうすれば、この説明モデルは、ブロッホの『自然権と人間の尊厳』がイメージする世界に近づくことになる。ブロッホの場合、なぜ私たちは常に道徳的進歩の過程にあるか、ということを信じるに足るものと納得させる機序は、次のようなイメージである。すなわち、これまで排除されてきたさまざまな集団が、常に執拗な抵抗に遭いながらも、その都度、支配的な共同体の承認を勝ち取り、その途上で、道徳的な声と尊厳を備えた主体の範囲を一歩ずつ拡大しようとしてきた。(8) ジョン・デューイに依拠すれば、(9) また、人類史を貫く階級闘争というイメージでおそらく似たような考えを持っていたであろうカール・マルクスに依拠すれば、(10) この説明モデルは、近い将来においてもまた社会進歩はある程度不可避である、ということを、具体的に説明する出発点となりえるだろう。と言うのも、社会的闘争は持続的とは言えなくとも、完全に絶えることなく継起してきたが、それは、この闘争が、過去の歴史において等しい権利を持つ主体を共同体にますます包摂するよう働いてきたからである。これが一挙に絶えてしまうことなど、決してあり得ない。

とは言え、カントの考えでは、人類史が進歩の過程であるということを理論的に説得的に示す営みに終わりはあり得ない。道徳性を喪失し、自分の影響力を疑うようになった民衆が再び勇気と自

(7) 用語上、明白にルソーに連なる、このカントの説明モデルについては以下を参照。Yirmiyahu Yovel, *Kant and the Philosophy of History*, Princeton 1980, bes. Teil II.

(8) 先の第三章をみよ。

(9) John Dewey, *Lectures in China, 1919-20*, Honolulu 1973.

(10) 例えば以下を参照。Karl Marx/Friedrich Engels, Manifest der Kommunistischen Partei, in: dies., *Werke (MEW)*, Berlin 1968, Bd. 4, S. 459-493〔『共産党宣言』前掲、四七三―五〇八頁〕。

信を取り戻すには、カントの見るところ、過去の歴史について示された改良を、実際にさらなる改良の努力の出発点にしようとする動機を示す必要がある。関与者が鼓舞され、行為に移そうという意志を再び獲得するには、仮言的な進歩の歴史に加えて、それが直近の歴史の傑出した出来事に即して具体的に示される必要がある、とカントは確信していた。「歴史の徴《しるし》（Geschichtszeichen）」という考えは、私たちが取り組んでいる主題との関連での生産性と必要性が、今日に至るまで、きわめて過小評価されてきたものだが、これはカントがこの問題に与えた偉大な解決策である。それが言わんとするところは、私たち自身の時間の地平上にある出来事が、いったん開始された進歩のプロセスを力強く継続するエネルギーを発揮できるのは、その出来事が、関わりのない傍観者も含め、万人の道徳的関心に適うものだと示される場合である、ということだ。つまり、最近起こった改革ないし革命が、万人の熱狂的な同意を得て、私たちの社会的共同生活を完成する過程において後戻りのできない敷居であることが象徴的に示されれば、この熱狂的な同意にもとづき、示された道を決然と先に進もうという動機が民衆に与えられる。(11) カントにとって、当時のそのような出来事とはフランス革命であったが、今日の視点からその種の出来事のリストを当時から直近の過去まで延長することは困難ではない。社会国家的な諸政策が労働運動により勝ち取られ、フェミニズム運動により女性参政権が獲得され、黒人の公民権運動により平等な権利が得られ、性的マイノリティの自由な諸権利が得られたが、これらの経緯はすべて、象徴的圧縮の作用の働く集合的な回想において、まさにカントのいう意味での「歴史の徴《しるし》」と解釈できる特定の具体的な出来事と結びついている。と言うのも、フランス革命に対する見方同様、私たちは今挙げたような経緯について、それぞれの転換以前の社会状態、つまり旧体制（*status qua ante*）を今日において正当化できる議論をどうやったら組み立てられるか、まったく見当がつかない。公開されたばかりの映画『未来を花束にして』〔原題：*Suffragette*. 二〇一五年制作のイギリス映画。監督サラ・ガヴロン。一九一〇年代のイギリスで女性参政権を求めて戦った女性たちの姿を描いている。原題は当時の女性参政権者のこと。〕に足を運べば、まだ百年足らずの昔に女性の選挙権を認めるのに反対した男たちの演説が、私たちの耳にはまったく共感できないものと響くことがはっきりとわかる。だが、私たちの道徳的共同生活にとって後戻りできない敷居として回顧される歴史的出来事との時間的隔たりが小さければそれだけ、そういった出来事は、進歩と捉えずにはいられないような筋道を、私たちにはっきりと認識させる。つまり、私たちが自分たちの社会実践を、また、今日では往時の議論に承服できないことを適切に理解し、正しいと感じられるのは、同時に、かつての古い社会規範の放棄が良いこと、正当なことであると確信できる場合である。社会国家の成立、女性参政権の確立、アメリカの黒人への平等な権利の付与、性的マイノリティに対する自由権の承認、それらが道徳的に正しいことだという信頼感は、ほとんど揺るがすこ

(11) Immanuel Kant, »Der Streit der Fakultäten«, in: ders., *Werke in zwölf Bänden* (= Theorie-Werkausgabe), Band XI, a.a.O., S. 261-393, hier: S. 356ff.〔『諸学部の争い』角忍訳、『カント全集18』、岩波書店、二〇〇二年、一―一五六頁、ここでは一一三頁以下〕。

とができない。これは、私たちはすでに達成されたさまざまな進歩を社会的な土台として生きており、この進歩は今後も継続すべきものだ、という確信を与える。

カントに戻ると、彼は、道徳的進歩のこのような象徴的イメージによって民衆を鼓舞し、いったん始められた行程を先に進むことを望んでいた。過去の道徳的転換は、歴史の徴《しるし》として提示されると、熱狂的な効果を発揮し、それまで勇気も希望もない状態で生をおくっていた者にもさらなる進歩への確信を育むであろう、と考えたのだ。このカントの考えは、希望なき時代において今一度、希望の灯りをともすために利用しうる唯一の手段だと、私には思われる。ブロッホの考えたような「学ばれた希望」は、勇気を失ってしまった民衆があらためて自身の力の有効性への信頼を獲得できるようになる根拠を与えようとするなら、カントの推奨する治療《セラピー》を利用しなくてはならない。これまで見たとおり、カントが自身の治療法としたものは二つの構成要素からなる。一つはどちらかと言えば理論的なもので、他方は動機付けに関わる側面が強いものである。まず、経験的観察にどれほど反するとしても、道徳的進歩という仮説的な道筋が人類史を貫いていると捉えるべきだ。その仮説的な道筋によって私たちは、自身の改良の努力の有効性を疑う理由はない、と納得できる。つまり、過去に成功を収めた事柄は、カントの議論に従えば、未来においても実を結び、自身の希望の実現可能性への信頼を持ち続けるための手掛かりとなる。だが、このたんに理論的な確証は、希望に実行力という必要な翼を与えるのに不十分である、とカントは確信しており、自身の治療法に動機付けの要素を第二のものとして加えた。この要素は次の点にあるだろう。すなわち、直近に成功した道徳的改善に資する転換を「歴史の徴《しるし》」と解釈し、直接関わりを持たない善意の傍観者すべてがその転換に示す賛意によって、希望を持ちながら行動を躊躇している者は、自身が正しい道、つまり普遍的に同意される道程にあることを知ることができる。そしてそのような普遍的同意を得た道徳的行為は、カントのこの第二の議論によれば、行為する者に、これまでの歩みをさらに先に続けるための、思いがけない新たな力を与える。進歩という歴史的過程のなかにあるという理論的確証、そして、より良いものへと向かうこの発展を自身の行為で力強く継続しようという気持ちを起こさせる実践的な勇気付け、この二つの治療的手段によって、カントは、勇気を失った時代に再び希望の灯をともすことができれば、と望んだのだった。

以上のカントの勧めを現在の状態に転用すると、希望が実践への原動力となるという主張を貫いたブロッホの立場を堅持する場合、今日、私たちに知的課題として課せられているものが何か、ということが明らかになるように思われる。カントが歴史哲学的治療の手段と見なした二つの構成要素を、私たちはかなり異なった状況へと適用し、それによって、前へと向かう変革の行為を再び導くような根拠と動機にあらたに生気を吹き込まなくてはならない。その際にまず目に付くのは、今日においても過去から未来を指し示す進歩について、いかなる確信的なイメージもない、ということだ。つまり、カントの直面した状況と似ていなくもないが、現在に蔓延する希望の喪失状況のなか心的な理由は、過去から現在にまで続く社会の改良の道筋が、その曖昧な輪郭すら認識できず、その道筋が将来にも延長されるのは不可避であると想定するための確たる根拠がない、という点にある。改良に向かう転換の過程にある、という感覚がまったく薄れてしまっていることが、今日、民衆の大部分が陥っている確信の麻痺、欠乏状態の本質的な原因であろう。カントの言うように、この意欲の喪失状態の適切な治療法は、まず過去に目指された進歩に対する感覚を、できるだけ説得的で万人が理解できる物語によって再び呼び覚まし、そこから、将来においても進歩が継続する可能性はある、という勇気を鼓舞する推論を引き出すことだ。このような道徳的進歩という過程を、できるだけ説得的に説明しうる社会的機序について、私なりのイメージはすでに示した。すなわち、たしかに連続的ではないが、道徳的共同体への包摂の度合いは止むことなく高まり、それによって相互的関与の実現する範囲が時とともに相当程度拡大した。新たな基本的人権条項や行為実践の変化もこの変化を物語っている。こういうことが起こりえたのはなぜか、という問題を、デューイとマルクスの理論的示唆をあらためて振り返り、社会的承認と包摂を求める社会集団の闘争を鍵として解釈しなくてはならないだろう。

しかしカントに従うなら、そのような道徳的進歩の過程をありありと描き出すだけで終わりにしてはならないだろう。カントの考えでは、理論的確証にとどまらず、過去から続く社会改良の流れのなかに自分たちもいると感じるには、過去の改良を自身の力でさらに前へと進めようと意欲できるような励ましが必要である。長らく不思議に思ってきたことだが、カントがこの目的のために考えた「歴史の徴《しるし》」という手段が今日、反抗と抵抗の精神に再び生気を吹き込もうとする者たちにもっと広く利用されないのは何故だろう。直近の過去の政治的成功を、私たちの政治的闘争の万人に歓迎され、後戻りできない成果の記念碑として象徴的に描くことは、私たち自身と他者に私たちの努力を継続するよう動機付ける数少ない方法の一つだろう。そして、そうは見えないかもしれないが、第二次大戦後ですら、道徳的転換や改良の事例はじゅうぶん存在する。ほんの二例だけを挙げるならば、国際司法裁判所の設立、子どもの権利の世界規模での承認がそれにあたる。これらの出来事を、私たちは、解放の努力が実を結ぶことを示す歴史の徴《しるし》として振り返り、そこから勇気と確信を作り出すべきだ。希望がないという気分が支配的な時代に希望を取り戻すために求められるのは、カントに学び、歴史哲学的想像力を駆使して、過去の事例にもとづき、私たち自身が道徳的進歩を成し遂げられるということに光を当てることだ。

訳者あとがき

本書は Axel Honneth, *Die Idee des Sozialismus. Versuch einer Aktualisierung*, Erweiterte Ausgabe, Suhrkamp Berlin 2015, 2017 の全訳である。著者のアクセル・ホネットの経歴を、簡潔に紹介したい。ホネットは一九四九年ドイツのエッセンで生まれ、ユルゲン・ハーバーマスの研究助手として採用されて以来、比較的若い時代から批判的社会理論の代表者と見なされてきた。彼自身が好む言い方ではないが、「フランクフルト学派第三世代[1]」の代表者と称されることも多い。ホネットは、フランクフルト大学を退職後、二〇一八年からアメリ

* 本稿は、拙論「社会主義の理念の今日的再構成——ホネット『社会主義の理念』の分析」(季報『唯物論研究』第一五〇号、二〇二〇年二月)をもとに大幅に改稿したものである。

(1) Osborne, Peter & Finke, Stale: Critical Theory in Germany Today. An Interview With Axel Honneth, in: *Radical Philosophy* 65, 1993, pp. 33-42.

カ・ニューヨークのコロンビア大学人文学部哲学科教授である。これはホネットが活動の拠点をアメリカ・ニューヨークに移すことを意味しており、それがホネットの理論をどのように変化させるか、またアメリカ批判理論にどのような刺激を与えるかが注目される。

ホネットの著作としては、既に法政大学出版局から『権力の批判』、『承認をめぐる闘争〔増補版〕』、『正義の他者』、『物象化』、『見えないこと』、『再配分か承認か？』（ナンシー・フレイザーとの共著）、『私たちのなかの私』、『理性の病理』が出版されており、本書もそれに続く。さらに、『自由の権利』の邦訳も進行中である。未來社からは『自由であることの苦しみ』も出版されている。

一、ホネットの本書執筆の動機

最近のアメリカの学生たちの社会主義に対する見解が、変わり始めている。先日のＮＨＫのＢＳ１の国際報道では、アメリカのギャラップ社の調査によれば、若者の社会主義支持は五一％に達し、資本主義の四九％を上回ったという[2]。おそらく背後には、アメリカの学生たちが日本とは比べ物にならないほど高い学費、そのためのローンに苦しみ、一％以下の人々に国家の資産が集中している現在の新自由主義的な経済体制に怒りを覚えていることがあろう[3]。大学の学費無料化を主張する大統領民主党予備選挙元候補者で、民主主義的社会主義者を自任するバーニー・サンダースに人気があり、彼が途中で撤退したものの選挙で善戦したのもうなずける。

他方で日本の状況に目を向けるならば、体制批判の運動はそれほど盛り上がっているようには見えない。

むしろそこでは若者の間でも、新自由主義による格差社会が宿命として受け入れられているかのようである。その際、自分の今の境遇は自分の努力と才能のせいであるとする「自己責任論」(4)、今の境遇を必然的なものとして受け取る「宿命論」(5)があるように見える。先日の萩生田文科相の「身の丈」(6)発言も、教育における格差を肯定しているかのようだ。

ホネットが二〇一五年に公刊した本書『社会主義の理念』(7)は、むしろこのような日本の状況にふさわしいように見える。と言うのは、この著作は「序論」冒頭で、グローバルな資本主義の市場経済とその結果に多くの不満が生じているにもかかわらず、それに対する新しい未来を目指す対抗運動が十分に起こっていないのはなぜか、という問いかけから始まっているからである(七)。

ホネットは、その原因として複数の理由を挙げているが、そのなかで信憑性が高いとするのが、人々がグ

(2) NHKBS1国際報道、二〇一九年九月一二日放送。
(3) 朝日新聞二〇一九年一一月二七日朝刊国際一一面「ホームレスの大学生 米の大学事情」によると、アメリカの四年制大学生の一四%がホームレスの経験があるという。
(4) 中西新太郎、高山智樹編『ノンエリート青年の社会空間』、大月書店、二〇〇九年。
(5) 土井義孝『「宿命」を生きる若者たち——格差と幸福をつなぐもの』、岩波書店、二〇一九年。
(6) 朝日新聞二〇一九年一一月二日朝刊一面。
(7) 以下、本書からの引用、参照は頁数のみ示す。また二〇一七年に補遺を加えた第二版が刊行され、本訳書は補遺を含めた全訳である。

ローバルな経済‐社会的な構造をその全体が見渡すことができない「物的な関係」(一〇)と見ていることである。そこでは、人々がそのような関係を変更しオルタナティヴな関係を築くことができない「社会関係のフェティシズム的把握の支配」(一一)があるという。しかしそうであるにしても、かつて力を持った社会変革の理念が、人々の意識に対してそのような物化を克服するような影響を持ちえないのはなぜなのか。ホネットは、この問いを解くために、かつてユートピアを提起した社会主義の理念が、今日、力を持ちえなくなった原因を探求していくと同時に、その力を再生するために必要な再構成を行おうとする。それが、本書の課題である。

二、初期社会主義における「社会的自由」の展開

ホネットは本書「第一章　初発の理念――社会的自由における革命の止揚」において、初期社会主義の展開に見取り図を与える。[8] そこで論じられているのは、十九世紀に活躍した社会主義者たち、ロバート・オーウェン、シャルル・フーリエ、サン゠シモン、ルイ・ブラン、ピエール・ジョセフ・プルードンそしてカール・マルクスである。ホネットは、彼らが共通に持っていた理念が「社会的自由」であると考える。「社会的自由」とは、ホネットが本書の前著『自由の権利』において全面的に展開した概念である。ここではその内容を詳述できないが、[9] 一言で言うならば、諸個人は自らの自由を、自分一人では実現できず、他者との共同的な関係のなかで初めて実現できる、とするものである。ホネットは『自由の権利』においては、この「社会的自由」論を、相互承認論として展開し、さらにそれを、諸個人がこの相互承認を歴史的な社会

制度のなかで展開していくこととして記述した。

本書において、「社会的自由」は社会主義の中心となる初発の理念と考えられている。社会主義は、まさにこの社会的自由を生活形態のさまざまな領域において実現しようとするものである。ホネットは本書「第二章　時代遅れの知的構造――産業主義の精神と文化への結合」の冒頭において、「社会的自由」を以下のように規定している。

それ（社会的自由――引用者）によれば、人間存在は普遍的に共有された欲求という最重要事において個人の自由をそれぞれ自分ひとりで実現することはできず、相互関係を必要とする。ただし、この関係が「自由」だと言えるのは、それが特定の規範的条件を満たす場合のみである（四七以下）。

人間はその個人的自由を、他者との特定の規範的条件を満たす相互関係――共感を持ち、他者の欲求を理解し肯定する関係――においてのみ実現する。このような関係をホネットは、「社会的なもの」（四八）と呼び、たんなる「集団主義」からは区別する。単なる集団主義において諸個人はその集団に埋没させられる

（8）ホネットは、影響力を喪失した過去の社会主義を初期社会主義として、自身が目指す本来の社会主義と区別している。

（9）以下参照。日暮雅夫「ホネット『自由の権利』における「社会的自由」の境位――歴史における社会闘争の意義」（日暮雅夫、尾場瀬一郎、市井吉興編著『現代社会理論の変貌――せめぎ合う公共圏』、ミネルヴァ書房、二〇一六年）。

が、社会的自由においては、個人的自由の実現が第一に重要であるとされるからである。しかし、それはまた、個人的自由を社会的共同体の参加に依存させることによって従来の個人主義からも区別される。ホネットは、このような立場を「全体論的個人主義」（四八）とも呼び、さらに諸個人がたんに「一緒にいること（Miteinander）」だけではなく、「互いのためにあること（Füreinander）」と言い換えている。このようなホネットの自由理解は、一貫して、リベラリズムと共同体主義の中間に自分の位置を置くものと考えられよう。

三、初期社会主義の弱点である三つの前提

ホネットは、社会的自由を実現するはずの初期社会主義が魅力を失ってしまった理由を、「それらが生まれたのは一貫して、資本主義的近代化の初期状態の精神的・社会的な所与とつながっていた」（七九）ことによるとする。つまり、初期社会主義の問題点は、それらがもっぱら資本主義的近代化の初期状態――産業革命による社会的構造転換、資本主義的生産様式、それに伴う階級対立等――に束縛されているからである。「自由」「平等」「友愛」というフランス革命の理念の諸要素は、社会的自由の制度化において、産業革命の経験内容に強く影響されている。ホネットによれば、これらは誤った三つの基本的想定によって成り立っている。それらは、（一）社会的自由をもっぱら経済体制においてのみ実現しようとすること、（二）理念を代表する運動勢力が社会内部に既存のものとして存在するという考え、（三）社会進歩するという歴史法則を前提していることである。今日、社会主義を活性化するためには、これらの想定の一つひとつに補足訂正を加え、「ポストマルクス主義的な形態」（八八）を与えなくてはならない。以下、この一つひとつについて論

じていこう。

（一）ホネットは、初期社会主義者たちが「社会的自由」における連帯的共同体をもっぱら経済活動の領域に求めたことを、第一の弱点とする。つまり、彼らは、社会的自由、つまり「互いのためにあること」の基盤を、社会的に展開する労働のなかで相互協働する生産者の活動に求めた。しかし当時の市場という経済システムによって関与者に強制されたことは、自分の利益のみを追求し、彼らの相互行為パートナーを競争相手として見なすことであり、それは新しい資本主義的経済秩序に根差すものだとされた（八九以下）。そこで初期社会主義者によって、この経済システムにおいて、個人的自由が社会的自由に置き換えられれば、社会における連帯的関係が作り出されると考えられた。そこで、資本主義的市場経済の抜本的な革命的転換を行い、関与者の連帯的・協働的関係を構築することが解決策と考えられたのである。

ホネットによれば、マルクスにおいて見出される、資本主義的社会秩序に対するオルタナティヴは、「中央で統御された計画経済モデル」（九三）であり、すべてのアクターが高次の審級に垂直的に関係するような型でイメージされる。そこで目指されているのは、生産者の協働の目標設定が、相互の欲求を承認し合い意図的に相互のために活動することによって達成されることである。ホネットはそれを、「一人ひとりの個人がその追求する目的を同時に他者の目的の実現の条件として把握し、それゆえ、個人的な意図が透明なかたちで手を携え合い、私たちが相互依存を意識しながら個々人の意図を相互的な営みのなかでのみ実現できるような状態」（三四）と表現している。しかしホネットによれば、初期社会主義者たちが社会的自由を経済活動のみに求めた結果として、構成員の共通の意思形成を民主主義的に交渉する新たな政治制度を考えるチャンスを失ったという。さらに、民主的な政治的意思形成に必要なリベラルな自由権も考慮されることがなくなったのである。

（二）ホネットは初期社会主義の第二の弱点として、その理想が、現在の社会に既に存在している対抗勢力が持つ利害状況を表したものに過ぎないとする考えを挙げる（六二）。この信念自体は、初期産業化のなかで、資本主義下の搾取、賃金低下、失業という課題において緊密に団結し資本主義を克服するという労働者階級の利害が存在するように見えたことによって生じた（八〇）。しかしこの社会主義的理念とそれを実現する変革主体との関係は、それが経験的に探究されるだけではなく、論理的に必然的なものとして捉えられた時、「理論が自己言及的に閉じてしまう傾向」（六五）、すなわち自己撞着する循環関係を生み出しえた。つまり、当該の社会集団は理論が自己正当化の支えにできる利害関係と欲求とを最初から持っているとされたのであり、理論の正しい洞察に従いさえすれば「正しい」願望や利害関係を持つことになるとされたのである。実はここでは、洞察の正しさを測る基準は理論があらかじめ持ち込んだものであるという循環がある。

ホネットはホルクハイマー、フロムらの初期フランクフルト学派の人々が、第二次大戦前の革命的労働者階級という社会学的虚構に最初に経験的根拠のある疑念を提起したことを、「過大評価とまず言いえない功績」（六七）として高く評価する。ホネットはそこで、フロムの『ワイマールからヒトラーへ』（佐野哲郎、佐野五郎訳、紀伊国屋書店、一九九一年）を参照している。さらにホネットは、戦後の西側先進諸国においてホワイトカラーが増加し「ポスト産業社会」(六八)という言い回しが広がり、工場労働者そのものが全賃金労働者大衆のなかでも少数派になった時に、社会主義を革命的な主体の精神的表現として把握することはできなくなった、と診断する。社会主義は、その内的な核である、生きた運動の理論的表現であるという要求を失うことになったのである。

(三) ホネットが初期社会主義の第三の弱点とするものは、労働者階級が革命的実践によって、所与の生産関係を変革し社会主義的生産様式を打ち立てることを、歴史的必然性として捉えるという歴史哲学的な理解である。ホネットによればこの理解において問題となるのは、「それが直線的な発展という考えによって、歴史の過程とその潜在力についてのあらゆる実験的な取り扱いを不可能としてしまったこと」(七〇)である。

ホネットによれば初期社会主義には、人類の知的な法則的進歩という特徴的な思想があった。そこには、進歩に対する二つの捉え方があったという。一方は、ヘーゲルの影響を受けた、歴史の法則性を、諸階級間の対立と和解が段階的に前進する過程として捉えるものである。他方は、「科学的な洞察を人間的文明の直線的な上昇発展の原動力と把握する古典的啓蒙の楽観的進歩主義」(七三)である。ホネットによれば、マルクスの思想にはこの二つの傾向が存在するという。後者のものは、人間の自然支配の能力の発展が社会発展の原動力であると捉えるものであり、「技術的決定論の一種」(七五)と言える。ホネットによれば、この歴史法則的な見方で問題であるのは、次に来るべき歴史段階を必然的に社会主義的生産様式であるとすることによって、社会にとってその発展が適切かどうかは、そのつど実験的な吟味によってはじめて決定できるという認識を妨げてしまうことである。もし実験主義的な立場に立てば、さまざまな生産様式、社会体制、政治体制、社会政策、それを担う変革主体の可能性が見えてくるかもしれないのである。

四、社会主義の再構成のために

ホネットが初期社会主義を批判したポイントは、それが資本主義の初期状態、産業革命の経験内容に深く拘束されている点であった。それによって、初期社会主義は、連帯的な共同性をもっぱら、生産に関わる経済の領域のみに求めるに至っていた。ホネットの社会主義の再生のための改革案は、おもに二つの理論的転回を受け入れることに要約できる。第一は歴史の発展における個々の社会領域の機能分化を受け入れることであり、第二は歴史的実験主義の導入(一六七)である。

第一に関しては、ホネットは、近代的世界において自立した三つの領域として、経済行為の領域だけでなく、政治的意思形成の領域、そして個人的諸関係の領域を挙げる(一六八)。これらの三領域は、ホネットがヘーゲルの「家族、市民社会、国家」の三領域論に触発され、『承認をめぐる闘争』、『自由の権利』へと展開してきたものである。初期社会主義者たちと同時代のリベラルな先駆者たちは、さまざまな社会領域の分立とその固有の法則性を理解していた。それに対して、「機能分化の増大というすでに存在していた現状診断の経験的次元と規範的次元を十分に区別しなかった」(一二八)点は、初期社会主義者の決定的な弱点であった。彼らは、諸領域が資本主義の経済的命令下に置かれる現状と、そのそれぞれが固有の領域において自立的に展開されるべき規範的視点とを区別しなければならなかったのである。ホネットは、連帯的な共同性である「互いのためにあること」が、この三領域のすべてにおいて展開されれば、社会主義が目標とすべき「民主主義的生活形式」（一五〇）が実現されることになるとする。

第二の歴史的実験主義の導入は、経済的領域における改革案で重要な役割を果たす。次に、ホネットのこれらの三領域――経済行為、政治的意思形成、婚姻と家族――のそれぞれを見ていこう。

（一）ホネットによれば、経済行為の領域は、実践的に遂行されるさまざまな実験に開かれたものでなければならない。ホネットは特定の経済モデルを、歴史の必然の観点から正当化することを退ける。その際、ホネットが検討の遡上に載せるのは、①市場、②市民社会、③民主的法治国家のモデルである。

①第一の市場モデルは、アダム・スミスがイメージしたような、需要と供給の「見えざる手」のメカニズムによって調整される市場であり、そこでは平等な市民の経済的利害関心が相互に補完される。スミス自身は新自由主義とは異なって、さまざまな主体が、他者の根拠ある利害に共感をもって相対するとしていた。ホネットは、市場が現在の資本主義的形態とは違った形で存在する可能性を、K・ポランニー、Fr・カムバルテルなどのさまざまな文献を参照しつつ開かれた問いとしている。

②第二の市民社会的（zivilgesellschaftlich）モデルにおいては、民主的に自己コントロールされる共同体によって、その構成員が経済的必要を自立的に組織・管理するというものである。このモデルの基準は、普遍的に共有された諸欲求を満たすための手段の分配が、平等で「互いのためにあること」と理解できる行為者に委ねられているかどうかである。

③第三の民主的法治国家モデルは、市民が民主的な意思形成によって、国家組織に、経済的再生産の過程を社会の福利という関心から統御・監視するよう委託する形態である。これは、ハーバーマス等の社会国家・福祉国家論と近いものだろう。ここでは、民主的な意思形成が市民的公共圏によってなされ、それが立法化されるかどうかが鍵を握る。

ホネットはこれら三モデルがすべて、経済の領域で社会的自由を実現しようとする意図からの制度的改革の選択肢として等しい可能性を持ち、どれが優れているかは社会的実験によって決せられるべきとする(九六)。おそらく実質的には、これら三モデルの混淆のなかから新しい体制が模索されるのだろう。ただしかし、何らかの市場経済を前提とし、その資本主義的・新自由主義的欠点を改善しようとするものであることは間違いないだろう。それらは「市場社会主義的」(一二〇)という表現で括られるのかもしれないが、[10] ホネットはそれを超え出る可能性も留保している。ホネットから見て肝要であるのは、どのような試みであるにしても歴史的実験主義に晒されることである。

(二) 社会的自由が展開されるべき、近代において分化した第二の領域は、政治的意思形成である。ホネットは、この領域こそ、経済に集中していた初期社会主義に欠けていたものと考える。この領域では、人々が日常的コミュニケーションを行い世論という合意を形成する民主主義的公共圏、さらにその合意をもとに民主的法治国家においてフォーマルな立法を行う政治的公共圏の過程・制度・基本権までもが含まれる。ホネットのこの領域の記述は、ハーバーマスの『事実性と妥当性』における民主的法治国家論とほぼ一致しているように見えるが、政治的意思形成過程そのものにおける「強制、支配の克服」（一五七）をも「承認をめぐる闘争」の課題としているのはホネット的な特徴であるだろう

ホネットがこの領域を社会主義に導入した必要性と意義とは何だろうか。

第一に、政治的意思形成過程は、社会的自由の各領域においてさまざまな組織的な社会的実験が行われる際に、その成功と失敗の判断の基準を与えるものだからである。その基準を与えるのは、特定の個人や集団ではなく、民主的公共圏における人々のコミュニケーション・熟議である。ホネットはここで、デューイのプラグマティズムにおける民主的討議の意義を参照している（一五四）。実験主義の導きの糸となるのは、「社会の構成員による知性的な問題解決を目的とする強制されることのないコミュニケーションを阻む障壁の除去」（九八）である。

第二に、政治的意思形成の領域は、社会的自由の三領域のなかで「第一者」（一五四）の位置を占める。つまり、政治的意思形成は、他の二領域である経済的領域、親密な領域とともに社会的自由を形成するが、そのなかでも最重要の位置を占めるのである。なぜなら、この領域においてこそ、社会的協働生活の不具合も万人が知覚できるように表明され、協働して克服すべき課題として扱われるからである（一五四以下）。ホネット

（10）ホネットは二〇〇三年に出版されたインタビューでは、「私自身は、経営は自主管理であるが各組織は資本主義的に活動するという構想から出発する特定ヴァージョンの市場社会主義にある種のシンパシーを抱いています」（永井彰、日暮雅夫編著『批判的社会理論の現在』、晃洋書房、二〇〇三年、二二〇頁）と語っていた。

は、民主主義的公共圏から政治的公共圏に至るこの領域にならんで、親密圏の領域、経済的労働の領域を加えることで、ハーバーマスの理論の領域を拡大しようとしている。しかし、ホネットはそれらのなかで政治的意思形成の領域に主導的地位を与えることによって、ハーバーマスとの理論的連続性を維持していると言えるだろう。

第三に、この民主的公共圏に集う人々は、刷新された社会主義の訴えの受け取り手とされる（一五六）。今日の社会主義の主要な受け取り手は、もはや産業プロレタリアートだけとは見なされず、民主的公共圏における多種多様な人々、さまざまな社会領域における苦境、冷遇を被った嘆きの声に耳を傾けるすべての者を含んでいる。そこには、ホワイトカラー、組織化されていないサービス産業従事者等が含まれるだろう。ホネットはそれらの人々を、「民主主義的公共圏に集う市民自身」（一五六）と呼ぶ。民主的公共圏は、集団的主体ではなくもろい流動的な構造を持つが、社会の多様な嘆きを聞くにはそのことが逆に長所であるとされる（一五七）。

（三）ホネットが導入すべきとする第三の領域は、個人的・私的領域であり、婚姻・愛情・家族・友愛に関するもの、今日一般に親密圏と言われるものである。この領域における社会的自由は、あらゆる当事者が、自分が持っている欲求と関心を妨害なしに表明でき、それを他者の助けによって実現できること、とされる（一四二）。ホネットによれば、初期社会主義者たちは、経済的領域に関心を集中させることによって、この領域に十分に配慮することができなかった。具体的には、そこで考えられたのは、女性を協働的な生産関係に（男性と並んで）引き入れることだけだった。しかし、実際に重要なのは、抜本的な「文化的転換」（一三六）であり、女性を、男性に支配された女らしさのイメージと役割のステレオタイプから解放することであり、女性が自由に強制なく自己実現する姿を思い描きそれを表明し実現することを助けることである。ここでは、『承認をめぐる闘争』における「自己価値感情」の獲得とそのための闘争が重要な意味を持っているだろう。[11] ホネットは、真に女性的な経験を強制なく表明しうるという異議申し立てが、現代フェミニズムの「差異」という闘争概念に取り上げられたと言う（一三九）が、残念ながらその記述はさほど多くはない。この領域と批判理論との接合は、今もって喫緊の課題なのだ。

五、小括——未来の社会主義のために

ホネットは本書「はじめに」において、本書を刊行した動機の一つとして次のように書いている。すなわち、前著『自由の権利』が所与の社会の秩序の変形という批判的パースペクティヴにもはや関わろうとしないと理解されてしまったのに対して、本書ではパースペクティヴを「制度的に全く違った社会秩序へと前向きに開かれたもの」（三）として示そうとしたのである。たしかに『自由の権利』が、ヘーゲル主義的に自由の展開をコンテクストにしたがって概念化するという方法によって、やや内閉的な印象を与えているのに対して、本書は未来志向的で解放的な印象を与えている。その限り、この課題はある程度果たされたと言えよう。

（11）アクセル・ホネット『承認をめぐる闘争〔増補版〕』山本啓、直江清隆訳、法政大学出版局、二〇一四年、一六三頁以下。

ホネットの社会主義理解の評価そのものは、読者の手に委ねられているが、ホネットが社会主義の積極的な刷新のために、三領域の分化を受け入れていること、実験主義の導入を主張していることは注目したい。ことにその三契機のなかでも、政治的意思形成の領域、民主主義的公共圏・政治的公共圏を中心的なものとして導入すべきとする点は、重要な問題提起であろう。

ホネットの今日までの思想形成を振り返ってみれば、社会主義論そのものはその中心ではなかったにせよ、社会的労働の形態論はその理論の重要な契機であったと言うことができる。それはフランクフルト学派の歴史のなかでは、特筆すべきことである。「第一世代」のホルクハイマーやアドルノは、『啓蒙の弁証法』の歴史哲学的なネガティヴィズムにおいて、文化産業に馴致された労働者のなかに解放のポテンシャルを見出せないとした。「第二世代」のJ・ハーバーマスは、相互行為のパースペクティヴ・領域である生活世界と、目的合理性のパースペクティヴ・領域であるシステムとを対置し、経済的領域はサブシステムの領域としてシステムに属するとし、やはりコミュニケーション的合理性によって理解することはなかった。それに対して、ホネットは、労働をめぐる困窮状態が批判的社会理論のなかに反映されていないことを問題視し、社会的労働のカテゴリーを批判的社会理論の枠組みに関係づけ、労働の質的改善への単にユートピア的であるだけではないパースペクティヴを切り開こうとしたのである。(12) ホネットのそれらの試みは、『私たちのなかの私』の「労働と承認」や「資本主義的近代化のパラドクス」における資本主義批判、『自由の権利』における新自由主義批判として辿ることができる。本書において、社会的労働論は、社会主義論として社会理論の総体のなかに位置づけられることになった。

ホネットの本書の社会主義理解に対して、数点指摘しておきたい。

第一に経済的領域に関してである。ホネットの提起するおそらく「市場社会主義」的な経済体制には、多くの検討すべき問題が残されている。労働力の商品化はどのように考えるべきなのか。市場経済を展開するためにはどのような規制が必要なのか。金融資本はどこまで許容され正当化されるべきなのか。労働者が協働する市民社会的な組織と言われるものは、どのような形態をとるべきなのか。ホネットが文中で具体的に挙げているだけでもこれらの問題は、相続権の疑問視、生産者からなる責任共同体の可能性、基本所得の保証と民主的な統制機関を導入する下からの市場の「社会化」等多岐にのぼる。ホネットはこのような問いをすべて開かれたものであり、社会主義の実験主義によって答えられるべきものとしている。[13] そのためには、社会主義は、過去に行われた試みすべてのアーカイヴ（一一四）を持たねばならないし、実際に行われているさまざまなオルタナティヴな経済形態の試みを見渡していなければならない（一一五）。本書の豊富な注の参照文献を見れば、ヨーロッパ思想界で蓄積された多様な思想的試みと実践を知ることができる。今日の日本の状況のなかでどんな方向性をとるべきかは、今後私たちに委ねられた課題なのだろう。ただそれらのな

（12）アクセル・ホネット『私たちのなかの私』日暮雅夫、三崎和志、出口剛司、庄司信、宮本真也訳、法政大学出版局、二〇一七年、八六頁以下。

（13）ホネットは、社会主義的実験的精神の発露として、一九二〇年代の「赤いウィーン」（社会主義政権）を挙げている（一七三以下）。

かで原理的問題に関わるものについては、さらなる示唆があってもいいように思われるのは、ないものねだりだろうか。

第二にホネットは、全体社会の構成要素として経済的領域・個人的領域・政治的意思形成の三領域をあげていた。そして、それらの三者の関係について、政治的公共圏が中心となりつつそれぞれが他を補完し合う予定調和的な「有機体モデル」（二四五）を提案している。たしかにドイツにおいては、政治的意思形成の領域における民主的公共圏が、他の領域に現れた諸問題をテーマ化し、そのより善き解決策となる政策を制定する形で調和が図られるべきだし、実際そうされているように見える。それに対して日本では、ヨーロッパ諸国と比べて民主的公共圏が不活発であり、経済圏で格差社会が進行し、すべての問題が親密圏に投げ込まれ全体が機能不全に陥っていると思われる。ホネットは、初期社会主義において、歴史の必然性を想定する思考法を形而上学として退けた。しかし社会発展の目標として有機体モデルを想定することは、何らかの歴史の法則性を不用意に前提することにならないだろうか。その場合、あまりにも歴史の「進歩」を西ヨーロッパのモデルにしたがって捉えている危険はないだろうか[14]。

第三に、本書で特に取り上げられているマルクスの著作は、主として一八五〇年頃までのものである。ホネットはそこでは、マルクスが、中央集権的で計画的な社会主義経済を主張し、さまざまな実験主義を遠ざけてしまったとする。しかし、現在、刊行されつつあるＭＥＧＡ（『マルクス＝エンゲルス全集』）と連動する国際的な研究は、晩年のマルクスの思想形成を新たに明らかにしつつある[15]。そこでは、マルクスの『資本論』の生成過程、アソシエーションや環境問題、植民地主義、農村共同体をめぐる考察について新しい成果があがっている。それらは、現在、日本でも、新しいマルクス理解とマルクス思想の発展の可能性として理解されていると言えよう。[16] 新たに形成されつつあるマルクス像は、実は本書の刷新された社会主義論とより良く接合できる可能性があるのではないかと思われる。

それ以外にも、ホネットの社会主義の構想においては、国際的コスモポリタン主義と個々の国民国家との関係をどう理解するか、等の課題もある。しかし、ホネットが本書で示した、初期社会主義の弱点を指摘し、社会主義に新たな方向性を提起することによってそれを再構成しようとする努力は継承されるべきであろう。

最後に翻訳の分担について記しておく。本書の翻訳に参加した三崎和志と日暮雅夫は、ともにホネットの理論に関心を持ち、批判的社会理論研究会などをつうじて共同研究を行っている。基本的には、次の役割分担で訳稿を作ったが、すべての章について相互の確認を細部まで行っている。また、校正段階において日暮がすべての原稿を確認し主要ターミノロジーの統一を図ったが、それぞれの訳者の個性を尊重した部分もある。

(14) Th・マッカシーやA・アレンは、ハーバーマスやホネットの発展の普遍的モデルはヨーロッパ中心的なものであると批判している(マーティン・ジェイ「〈インタビュー〉アメリカ批判理論の発展と今日の課題――マーティン・ジェイに聞く」日暮雅夫訳、『思想』二〇二〇年第五号、九六頁)。

(15) ケヴィン・B・アンダーソン『周縁のマルクス』平子友長監訳、明石英人、佐々木隆二、斎藤幸平、隅田聡一郎訳、社会評論社、二〇一五年。

(16) 斎藤幸平『人新世の「資本論」』、集英社新書、二〇二〇年、一三九頁以下。

「訳者あとがき」は日暮が担当した。

日暮雅夫　はじめに、序論、第一章、第二章、「赤いウィーン」
三崎和志　第三章、第四章、希望なき時代の希望

なお本翻訳書の刊行を企画した法政大学出版局編集部の方々、そして前田晃一氏には改めて感謝したい。

二〇二一年七月

訳者を代表して　日暮雅夫

人名索引

ア行

カ行

サ行

タ行

ナ行

ハ行

マ行

ムーザー、ヨーゼフ（Mooser, Josef） 69
ムージル、フランツ（Musil, Franz） 178
メイソン、アンドリュー（Mason, Andrew） 43, 51
メルフェルド、メクティルド（Merfeld, Mechthild） 137
メルロ＝ポンティ、モーリス（Merleau-Ponty, Maurice） 51, 77
メンガー、カール（Menger, Carl） 174
モイン、サミュエル（Moyn, Samuel） 11
モナル、イザベル（Monal, Isabel） 139
モレンハウアー、ダニエル（Mollenhauer, Daniel） 133

ヤ行

ヤン、ハラルド（Jahn, Harald） 177, 181
ヨベル、イルミヤフ（Yovel, Yirmiyahu） 197

ラ行

ライト、エリック・オーリン（Wright, Erik Olin） 87, 91, 95, 116, 117
ライデマイスター、マリー（Reidemeister, Marie） 181
ライプニッツ、ゴットフリート・ヴィルヘルム（Leibniz, Gottfried Wilhelm） 16, 17, 18
ラズ、ジョゼフ（Raz, Joseph） 42, 43
ランシエール、ジャック（Rancière, Jacques） 11
リヒトハイム、ゲオルグ（Lichtheim, George） 19
ルーマン、ニクラス（Luhrnann, Niklas） 127, 129
ルカーチ、ジェルジ（Lukács, Georg） 51
ルソー、ジャン＝ジャック（Rousseau, Jean-Jacques） 32, 38, 39, 41, 55, 130, 197
レヴィ、ミシェル（Löwy, Michael） 151
レーデラー、エミール（Lederer, Emil） 174
レーネルト、デトレフ（Lehnert, Detlef） 61
ロイク、ダニエル（Loick, Daniel） 31, 59, 65
ローゼンベルク、アルトゥール（Rosenberg, Arthur） 125
ローマー、ジョン（Roemer, John） 87, 111, 113
ロールズ、ジョン（Rawls, John） 35, 45, 50, 51, 103, 115, 143, 164, 165
ロジャース、ジョエル（Rogers, Joel） 87
ロック、ジョン（Locke, John） 127

《叢書・ウニベルシタス　1132》
社会主義の理念
現代化の試み

2021年8月30日　初版第1刷発行

アクセル・ホネット
日暮雅夫／三崎和志 訳
発行所　一般財団法人　法政大学出版局
〒102-0071 東京都千代田区富士見 2-17-1
電話03(5214)5540 振替00160-6-95814
組版：HUP　印刷：ディグテクノプリント　製本：積信堂

Printed in Japan

ISBN978-4-588-01132-0

著　者

アクセル・ホネット（Axel Honneth）

1949年ドイツのエッセンで生まれる。1983年にベルリン自由大学で哲学の博士号を取得。ゲーテ大学フランクフルト・アム・マイン哲学・歴史学部教授、フランクフルト社会研究所所長、国際ヘーゲル学会会長などを歴任、現在はコロンビア大学人文学部哲学科教授。フランクフルト学派第三世代の代表的存在。著作に、『自由であることの苦しみ——ヘーゲル『法哲学』の再生』（未來社）、『権力の批判——批判的社会理論の新たな地平』、『承認をめぐる闘争——社会的コンフリクトの道徳的文法〔増補版〕』、『正義の他者——実践哲学論集』、『物象化——承認論からのアプローチ』、『見えないこと——相互主体性理論の諸段階について』、『私たちのなかの私——承認論研究』、『理性の病理——批判理論の歴史と現在』、ナンシー・フレイザーとの論争的共著『再配分か承認か？——政治・哲学論争』（以上、法政大学出版局）、などがある。

訳　者

日暮雅夫（ひぐらし・まさお）

1958年生まれ。立命館大学産業社会学部教授。社会哲学。主な著作に、『討議と承認の社会理論——ハーバーマスとホネット』（勁草書房、2008年）、『現代社会理論の変貌——せめぎ合う公共圏』（共編著、ミネルヴァ書房、2016年）、アクセル・ホネット『理性の病理——批判理論の歴史と現在』（共訳、法政大学出版局、2019年）など。

三崎和志（みさき・かずし）

1963年生まれ。東京慈恵会医科大学医学部教授。哲学。主な著作に、『西洋哲学の軌跡——デカルトからネグリまで』（共編、晃洋書房、2012年）、『私たちのなかの私——承認論研究』（共訳、法政大学出版局、2017年）、トーマス・セドラチェク＋デヴィッド・グレーバー『改革か革命か——人間・経済・システムをめぐる対話』（共訳、以文社、2020年）、マーヤ・ゲーペル『希望の未来への招待状——持続可能で公正な経済へ』（共訳、大月書店、2021年）など。